RÈGLEMENTS

INTÉRIEURS

DE L'ACADÉMIE DES SCIENCES.

11760   PARIS. — IMPRIMERIE DE GAUTHIER-VILLARS,

Quai des Grands-Augustins, 55.

RÈGLEMENTS

INTÉRIEURS

DE

L'ACADÉMIE DES SCIENCES

> 1795-1816. CLASSE DES SCIENCES PHYSIQUES ET MATHÉMATIQUES.
>
> 1816-1886. ACADÉMIE DES SCIENCES.

PARIS,

GAUTHIER-VILLARS, IMPRIMEUR-LIBRAIRE

DES COMPTES RENDUS DES SÉANCES DE L'ACADÉMIE DES SCIENCES,

Quai des Augustins, 55.

ORDONNANCE DU ROI.

Paris, le 5 mai 1816.

LOUIS, par la grâce de Dieu, ROI DE FRANCE ET DE NAVARRE, à tous ceux qui ces présentes verront, SALUT.

Sur le rapport de notre Ministre secrétaire d'État au département de l'Intérieur,

Nous avons ordonné et ordonnons ce qui suit :

ARTICLE Ier. — Le Règlement intérieur de l'Académie royale des Sciences, tel qu'il est annexé à la présente ordonnance, est et demeure approuvé.

ART. II. — Notre Ministre secrétaire d'État au département de l'Intérieur est chargé de l'exécution de la présente ordonnance.

Donné au château des Tuileries, le 5 mai, l'an de grâce 1816, et de notre règne le vingt et unième.

Signé · LOUIS.

Par le Roi :

Le Ministre secrétaire d'État au département de l'Intérieur,

Signé : VAUBLANC.

Pour copie conforme :

Le secrétaire général du ministère de l'Intérieur, membre de la Chambre des Députés, chevalier de Saint-Louis et de la Légion d'honneur,

Signé : PAULINIER DE FONTENILLE.

RÈGLEMENT

INTÉRIEUR

POUR

L'ACADÉMIE DES SCIENCES

ARTICLE Ier. — L'Académie aura un président et un vice-président choisis parmi ses membres. Elle nommera, chaque année, dans sa première séance de janvier, et à la majorité absolue, un vice-président pris alternativement dans les sections mathématiques et dans les sections physiques. Il sera président l'année suivante et ne pourra être immédiatement réélu vice-président.

ART. II. — L'Académie nommera par scrutin dans sa seconde séance de janvier, et à la majorité absolue, un membre de la commission administrative, qui sera pris dans les sections mathématiques et qui aura un an d'exercice.

Elle nommera, dans la première séance de juillet, un autre membre de la même commission pris dans les sections physiques, dont la durée d'exercice sera la même ([1]).

([1]) Cet article a été modifié au mois de janvier 1842.

Art. III. — Le président, le vice-président, les deux secrétaires perpétuels et les deux membres de la commission administrative formeront un comité chargé de l'emploi des fonds de l'Académie, de l'impression de ses ouvrages et de la tenue de ses séances publiques.

Art. IV. — Dans le mois qui suivra l'annonce de la vacance d'une place de membre ou d'associé étranger, l'Académie délibérera s'il y a lieu ou non d'élire, après avoir entendu sur cet objet le rapport de la section dans laquelle la place sera vacante.

Si l'Académie juge qu'il n'y a pas lieu d'élire, elle délibérera de nouveau et de la même manière sur cet objet, six mois après, et ainsi de suite.

Lorsque l'Académie aura arrêté qu'il y a lieu d'élire, tous les membres seront convoqués pour la séance suivante. La section dans laquelle la place sera vacante y présentera trois candidats au moins, dans l'ordre de préférence qu'elle leur accorde. S'il s'agit d'un associé étranger, la classe nomme à la majorité relative, et pour tenir lieu de section, six membres auxquels le président sera adjoint. Trois de ces membres seront pris dans les sections mathématiques, et trois dans les sections physiques.

Le mérite des candidats présentés par les sections, et de ceux qu'elle pourrait avoir omis, sera discuté en séance secrète.

Dans la séance qui suivra cette discussion, pour laquelle les membres seront de nouveau convoqués, si les deux tiers sont présents, on procédera à l'élection par voie de scrutin individuel, sans s'astreindre à aucune liste. Si le premier tour de scrutin ne donne point de majorité absolue, on procédera à un second tour. S'il n'en résulte point encore de majorité absolue, on procédera à un scrutin de ballottage entre tous les candidats qui n'en auront point deux autres supérieurs en suffrages. On continuera ce scrutin de ballottage, toujours avec la même condition, jusqu'à ce que l'on obtienne la majorité absolue. Si l'on parvient à une égalité de suffrages entre les candidats, l'élection entre eux seuls sera remise à la séance suivante, pour laquelle il y aura une convocation nouvelle. Si les deux tiers des membres ne sont pas présents à la première séance indiquée pour l'élection, les membres seront convoqués de nouveau pour la séance suivante ; et il suffira, pour procéder à l'élection, de la majorité des membres de l'Académie.

Art. V. — Le mode d'élection qui précède sera suivi pour une place de secrétaire, avec la différence que l'Académie ne délibérera pas s'il y a lieu, ou non, d'élire. Pour tenir lieu de section, l'Académie nommera, à la majorité relative, six membres pris dans la division dans laquelle la place sera vacante, et auxquels le président sera adjoint.

Art. VI. — Les académiciens libres ont voix délibérative en tout ce qui concerne les travaux de l'Académie, mais n'ont droit de suffrage que dans le cas où il s'agit de remplacer l'un d'eux.

Art. VII. — Il est nommé alors, à la pluralité relative des voix, une commission formée de deux membres des sections mathématiques, de deux membres des sections physiques, de deux académiciens libres et du président.

Art. VIII. — Les académiciens libres ont voix

dans cette circonstance, tant pour la formation de la Commission que pour l'élection définitive.

Art. IX. — Ils ne peuvent être nommés académiciens ordinaires.

Art. X. — Les correspondants seront élus par un scrutin individuel; et dans le cas où le premier tour de scrutin ne donnera pas de majorité absolue, on procédera à un second tour, où il suffira de la majorité relative. Les correspondants pourront être choisis parmi les savants nationaux et étrangers.

Art. XI. — Tout membre qui s'absentera plus d'une année sans l'autorisation de l'Académie sera censé avoir donné sa démission.

Art. XII. — Sur le traitement de chaque membre de l'Académie, 3oo francs seront prélevés pour les droits de présence. Il sera fait un fonds de 3oo francs pour chaque académicien libre, pour ses droits de présence.

Art. XIII. — Les seuls membres et associés de l'Institut en porteront le costume.

Certifié conforme à la délibération de l'Académie, du 15 avril 1816.

Signé : Delambre.

Pour copie conforme :

> *Le secrétaire général du ministère de l'Intérieur, membre de la Chambre des Députés, chevalier de Saint-Louis et de la Légion d'honneur,*

Signé : Paulinier de Fontenille.

DÉCISIONS DIVERSES.

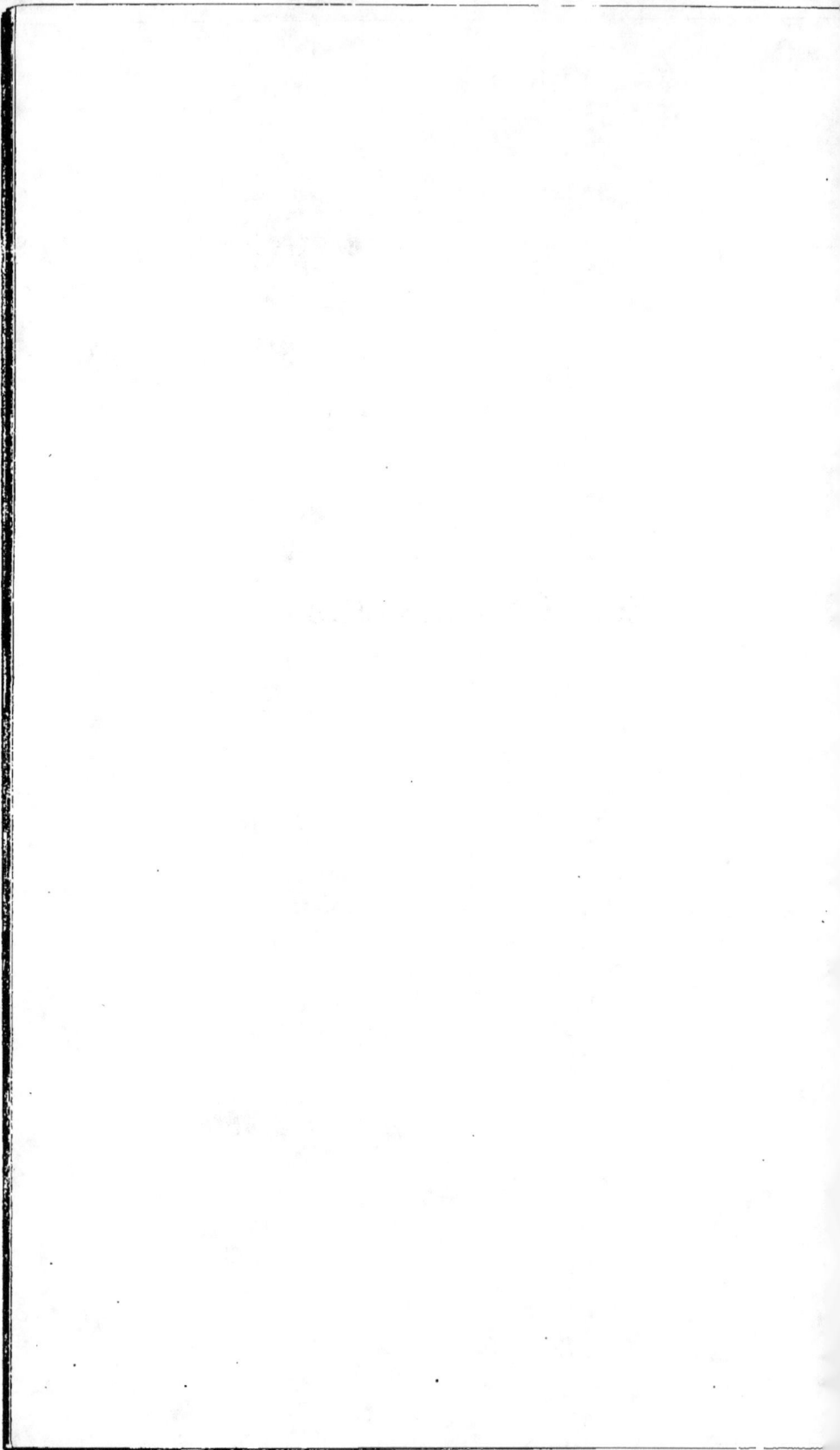

DÉCISIONS DIVERSES.

**L'Institut est autorisé à faire ses règlements
de détails.**

Les règlements relatifs à la tenue des séances et aux travaux de l'Institut seront rédigés par l'Institut lui-même et présentés au Corps législatif, qui les examinera dans la forme ordinaire de toutes les propositions qui doivent être transformées en lois.

Art. XII de la Loi du 3 brumaire an IV (25 octobre 1795).

L'Institut national est autorisé à faire tous les règlements de détails relatifs à la tenue de ses séances générales et particulières et à ses travaux, en se conformant aux dispositions du présent règlement.

Art. XLII de la Loi du 15 germinal an IV (4 avril 1796).

Séances ordinaires et séances publiques.

L'Institut national aura quatre séances publiques par an. Les trois classes seront réunies dans ces séances.

Il rendra compte, tous les ans, au Corps législatif, des progrès des sciences et des travaux de chacune de ses classes.

Art. VI de la Loi du 3 brumaire an IV (25 octobre 1795).

Le Corps législatif fixera tous les ans, sur l'état fourni par le Directoire exécutif, une somme pour l'entretien et les travaux de l'Institut national des sciences et des arts.

Art. VIII de la Loi du 3 brumaire an IV (25 octobre 1795).

Chaque classe de l'Institut s'assemblera deux fois par décade : la première classe, les *primidi* et *sextidi;* la seconde classe, les *duodi* et *septidi;* et la troisième classe, les *tridi* et *octidi.* La première séance de chaque décade sera publique.

Art. I de la Loi du 15 germinal an IV (4 avril 1796).

Chaque classe tiendra, tous les ans, une séance publique, à laquelle les trois autres assisteront.

Art. X de l'Arrêté du 3 pluviôse an **XI** (23 janvier 1803).

Division de l'Académie en sections.

Création de la section de Géographie et Navigation. La section de Géographie et Navigation est portée de trois à six membres.

ORGANISATION PRIMITIVE DE L'INSTITUT.

I.

L'Institut national des sciences et des arts appartient à toute la République; il est fixé à Paris.......

II.

Il est composé de (144) membres résidant à Paris et d'un égal nombre d'associés répandus dans les différentes parties de la République; il s'associe des savants étrangers, dont le nombre est de vingt-quatre, huit pour chacune des trois classes.

III.

Il est divisé en trois classes, et chaque classe en plusieurs sections, conformément au tableau suivant:

CLASSES ET SECTIONS.	MEMBRES à Paris.	ASSOCIÉS dans les départements.
Iʳᵉ CLASSE.		
SCIENCES PHYSIQUES ET MATHÉMATIQUES.		
1. Mathématiques	6	6
2. Arts mécaniques	6	6
3. Astronomie	6	6
4. Physique expérimentale	6	6
5. Chimie	6	6
6. Histoire naturelle et Minéralogie	6	6
7. Botanique et Physique générale	6	6
8. Anatomie et Zoologie	6	6
9. Médecine et Chirurgie	6	6
10. Économie rurale et Art vétérinaire	6	6
	60	60
IIᵉ CLASSE.		
SCIENCES MORALES ET POLITIQUES.		
1. Analyse des sensations et des idées	6	6
2. Morale	6	6
3. Science sociale et Législation	6	6
4. Économie politique	6	6
5. Histoire	6	6
6. Géographie	6	6
	36	36
IIIᵉ CLASSE.		
LITTÉRATURE ET BEAUX-ARTS.		
1. Grammaire	6	6
2. Langues anciennes	6	6
3. Poésie	6	6
4. Antiquités et Monuments	6	6
5. Peinture	6	6
6. Sculpture	6	6
7. Architecture	6	6
8. Musique et Déclamation	6	6
	48	48

Loi du 3 brumaire an IV (25 octobre 1795).

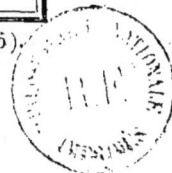

2

Nouvelle organisation de l'Institut.

Le Gouvernement de la République, sur le rapport du ministre de l'intérieur, le Conseil d'État entendu.

ARRÊTE ce qui suit :

I.

L'Institut national, actuellement divisé en trois classes, le sera désormais en quatre, savoir :

PREMIÈRE CLASSE.

Classe des Sciences physiques et mathématiques.

SECONDE CLASSE.

Classe de la Langue et de la Littérature françaises.

TROISIÈME CLASSE.

Classe d'Histoire et de Littérature ancienne.

QUATRIÈME CLASSE.

Classe des Beaux-Arts.

Les membres actuels et associés étrangers de l'Institut seront répartis dans ces quatre classes.

Une commission de cinq membres de l'Institut, nommée par le Premier Consul, arrêtera ce travail, qui sera présenté à l'approbation du Gouvernement.

II.

La première classe sera formée des dix sections qu composent aujourd'hui la première classe de l'Institut, d'une section nouvelle de Géographie et Navigation, et de huit associés étrangers.

Ces sections seront composées et désignées ainsi qu'il suit :

SCIENCES MATHÉMATIQUES.

Géométrie, six membres ;
Mécanique, six membres ;
Astronomie, six membres ;
Géographie et Navigation, trois membres ;
Physique générale, six membres ;

SCIENCES PHYSIQUES.

Chimie, six membres ;
Minéralogie, six membres ;
Botanique, six membres ;
Économie rurale et Art vétérinaire, six membres ;
Anatomie et Zoologie, six membres ;
Médecine et Chirurgie, six membres.

Arrêté du 3 pluviôse an XI (23 janvier 1803).

Nouvelle organisation de l'Institut. — Rétablissement des Académies.

L'Académie royale des sciences conservera l'organisation et la distribution en sections de la première classe de l'Institut.

Art. XIV de l'Ordonnance royale du 21 mars 1816.

Création de la section de Géographie et Navigation.

La première classe sera formée des dix sections qui composent aujourd'hui la première classe de l'Institut, d'une section nouvelle de Géographie et Navigation et de huit associés étrangers.

Art. II de l'Arrêté du 3 pluviôse an XI (23 janvier 1803).

Augmentation du nombre des Membres de l'Académie des Sciences.

NAPOLÉON, par la grâce de Dieu et la volonté nationale, EMPEREUR DES FRANÇAIS,

A tous présents et à venir, SALUT.

Sur le rapport de notre Ministre secrétaire d'État au département de l'Instruction publique.

Vu la loi du 3 brumaire an IV, portant organisation de l'Institut national des sciences et des arts;

Vu l'arrêté consulaire du 3 pluviôse an XI, modificatif de ladite organisation;

Vu l'ordonnance royale du 21 mars 1816;

Vu la délibération de l'Académie des Sciences en date du 22 juin 1863;

Vu la loi de finances du 8 juillet 1865,

AVONS DÉCRÉTÉ et DÉCRÉTONS ce qui suit:

ARTICLE I. — Le nombre des membres de la section de Géographie et Navigation de l'Académie des

Sciences de l'Institut impérial de France est porté de trois à six.

Art. II. — L'élection des trois nouveaux membres aura lieu dans les formes accoutumées.

Art. III. — Notre Ministre secrétaire d'État au département de l'Instruction publique est chargé de l'exécution du présent décret.

Fait au palais des Tuileries, le 3 janvier 1866.

Signé : NAPOLÉON.

Par l'Empereur :

Le Ministre secrétaire d'État au département de l'Instruction publique,

Signé : V. DURUY.

Présidence de l'Académie.

Art. II. — Le bureau de chaque classe sera formé d'un président et de deux secrétaires.

Art. III. — Le président sera élu par chaque classe, pour six mois, au scrutin et à la pluralité absolue, dans les premières séances de vendémiaire et de germinal; il ne pourra être réélu qu'après six mois d'intervalle.

Art. IV. — Le président sera remplacé, dans son absence, par le membre président sorti le plus nouvellement de la présidence.

Loi du 15 germinal an IV (4 avril 1796).

L'Académie aura un président et un vice-président choisis parmi ses membres. Elle nommera, chaque année, dans sa première séance de janvier, et à la majorité absolue, un vice-président pris alternativement dans les sections mathématiques et dans les sections physiques. Il sera président l'année suivante, et ne pourra être immédiatement réélu vice-président.

Art 1er du Règlement intérieur du 15 avril 1816.

On communique à l'Académie une réclamation

relative à un Mémoire lu dans l'une des dernières séances.

Il s'élève à ce sujet une discussion d'après laquelle l'Académie, pour éviter que le Corps ni ses membres ne puissent être de nouveau offensés dans les Mémoires que les étrangers obtiennent la permission de lire dans ses séances, déclare que le président, en prenant l'avis du Bureau, a le droit et le devoir d'interrompre la lecture de tout écrit qui contiendrait des choses inconvenantes, et qu'un Mémoire qui aura été interrompu pour cette cause ne pourra être renvoyé à des commissaires.

Séance du 24 mars 1828.

———

M. Poisson, alors président de l'Académie, étant mort le 25 avril 1840, la séance du lundi 27 avril fut levée et le 11 mai suivant il fut procédé à l'élection d'un nouveau président.

M. Poncelet fut élu.

Comptes rendus, t. X, p. 750.

———

M. Dupin, président pour l'année 1844, s'étant retiré pour cause de mauvaise santé, M. Élie de Beaumont, vice-président, est passé à la présidence.

———

M. Pouillet, président actuel, appelle l'attention de l'Académie sur la question spéciale des droits du président, relativement aux actes blâmables qui peuvent être commis par les étrangers admis aux séances.

Il résulte d'une discussion qui s'élève à ce sujet, et

à laquelle plusieurs membres prennent part, que les droits du président s'étendent, non seulement à tout acte blâmable qui pourrait être commis pendant les séances, mais encore à tout acte de ce genre qui pourrait intervenir à leur occasion.

Comité secret du 27 novembre 1848.

M. de Jussieu, alors président, étant mort le 29 juin 1853,

L'Académie s'est occupée du mode à suivre pour compléter son bureau. Il a été décidé :

1° Que M. Combes, vice-président actuel, passerait immédiatement à la présidence.

Et 2° qu'il serait élu dans la séance prochaine un vice-président pris dans les sciences naturelles, lequel passerait à la présidence au 1er janvier 1855.

Comité secret du lundi 18 juillet 1853.

L'Académie décide qu'on suivra pour le remplacement de son président, feu M. Binet, le mode qui a été suivi lors du remplacement de M. de Jussieu, et qu'en conséquence l'élection d'un vice-président, pris dans les sections mathématiques, aura lieu d'aujourd'hui en quinze.

Comité secret du 19 mai 1856.

Le renouvellement annuel du bureau, qui aurait dû se faire dans cette séance, était déjà accompli par suite de la mort du président, M. Binet, survenue le 12 mai dernier. Le 2 juin suivant, l'Académie, se conformant à ce qu'elle avait déjà fait dans un cas semblable (à l'occasion de la mort de M. de Jussieu), a décidé que le vice-président en exercice, M. Isidore-Geoffroy Saint-Hilaire, exercerait, à partir de ce jour, les fonctions de président, fonctions qui, dans l'ordre régulier, ne devaient commencer pour lui qu'avec l'année 1857; le même jour elle a élu comme vice-président, et pour le même espace de temps, M. Despretz.

Séance du 5 janvier 1857.

(Extrait des Comptes rendus, t. XLIV, p. 1.)

En 1874, M. Bertrand, président de l'Académie, ayant été élu secrétaire perpétuel, M. Fremy, vice-président, a pris le fauteuil de la présidence sans que l'Académie ait été appelée à intervenir.

En 1885, M. Bouley étant décédé dans le cours de sa présidence, M. l'amiral Jurien de la Gravière a pris le fauteuil.

Nomination des secrétaires et des secrétaires perpétuels.

Dans la première séance de chaque semestre, chacune des classes procédera à l'élection d'un secrétaire, de la même manière que pour l'élection d'un président. Chaque secrétaire restera en fonctions pendant un an et ne pourra être réélu qu'une fois. La première fois, on nommera deux secrétaires, et l'un d'eux sortira six mois après par la voie du sort.

Loi du 15 germinal an IV (4 avril 1796).

La première classe nommera, sous l'approbation du premier Consul, deux secrétaires perpétuels, l'un pour les sciences mathématiques, l'autre pour les sciences physiques. Les secrétaires perpétuels seront membres de la classe, mais ne feront partie d'aucune section.

Arrêté du 3 pluviôse an XI (23 janvier 1803).

ART. 5. — Le mode d'élection qui précède (¹) sera suivi pour une place de secrétaire, avec la différence que l'Académie ne délibérera pas s'il y a lieu, ou non,

---

(¹) *Voir* aux *Élections* l'article IV du même Règlement.

d'élire. Pour tenir lieu de section, l'Académie nommera, à la majorité relative, six membres pris dans la division dans laquelle la place sera vacante, et auxquels le président sera adjoint.

Règlement intérieur du 15 avril 1816.

Un membre dépose une proposition conçue en ces termes et signée par douze membres de l'Académie :

« Les soussignés expriment le vœu que l'Académie s'occupe de pourvoir à l'insuffisance de son règlement, relativement au cas où l'un des secrétaires perpétuels serait empêché de remplir ses fonctions, pendant un temps dont on ne saurait prévoir le terme. »

Ce 11 décembre 1865.

Cette proposition n'a pas eu de suites.

Élections de MM. Delambre et Cuvier aux fonctions de secrétaires perpétuels.

Conformément à l'arrêté des Consuls sur la nouvelle organisation de l'Institut, on procède par la voie du scrutin à la nomination d'un secrétaire perpétuel pour les Sciences mathématiques.

Le citoyen Delambre est élu.

On procède ensuite par la même voie à la nomination d'un secrétaire perpétuel pour les Sciences physiques.

Le citoyen Cuvier est élu.

Séance extraordinaire du 11 pluviôse an XI.

Aucune liste de candidats n'avait été présentée à la classe.

Élection de M. Joseph Fourier.

La commission chargée de présenter une liste de candidats pour la place de secrétaire perpétuel, vacante par le décès de M. Delambre, présente trois candidats sur le même rang, mais *d'après l'ordre de l'âge.*

Séance du 11 novembre 1822.

Élection de M. Arago.

La Commission nommée à cet effet dans la séance précédente présente pour la place de secrétaire perpétuel pour les Sciences mathématiques, vacante par le décès de M. Joseph Fourier, trois candidats, classés par *ordre d'ancienneté.*

Séance du 31 mai 1830.

Élection de M. Dulong.

A la suite d'un Rapport très étendu, la Commission présente, pour la place vacante par le décès de M. Cuvier, deux candidats, classés par *ordre alphabétique.*

Séance du 2 juillet 1832.

Élection de M. Flourens.

La Commission nommée pour la présentation de candidats à la place de secrétaire perpétuel, vacante par la démission de M. Dulong, présente, par *ordre alphabétique*, les membres qui ont manifesté le désir d'être portés sur la liste des candidats.

Séance du 5 août 1833.

Élection de M. Élie de Beaumont.

M. le Président de l'Académie donne lecture d'un Rapport, au nom de la Commission chargée de présenter une liste de candidats à la place de secrétaire perpétuel, vacante par le décès de M. Arago.

La Commission présente trois candidats, classés par *ordre alphabétique*.

A l'occasion d'une phrase du Rapport, un membre fait remarquer que l'Académie a le droit de choisir le secrétaire perpétuel, non seulement dans les sections auxquelles appartenait le secrétaire défunt, mais dans l'Académie tout entière. Il rappelle en même temps que M. Dulong fut nommé, en 1832, secrétaire perpétuel pour les Sciences naturelles quoiqu'il appartînt aux sections mathématiques.

Cette remarque est appuyée par plusieurs membres, et notamment par les membres mêmes de la Commission. Le Rapport n'a nullement entendu mettre en doute le droit de l'Académie.

Un membre propose d'ajouter trois noms à la liste des candidats.

Deux des membres désignés désirent que leur nom ne soit pas ajouté à la liste.

L'adjonction du troisième est mise aux voix et adoptée.

Comité secret du 12 décembre 1853.

Élection de M. Dumas.

La Commission chargée de présenter une liste de candidats pour la place de secrétaire perpétuel, vacante par suite du décès de M. Flourens, présente deux candidats, classés par *ordre d'ancienneté*.

Comité secret du 13 janvier 1868.

Élection de M. Bertrand.

M. Chasles, au nom de la Commission nommée pour préparer une liste de candidats à la place de secrétaire perpétuel, laissée vacante par le décès de M. Élie de Beaumont, présente une liste de deux candidats, classés par *ordre d'ancienneté*.

Comité secret du 16 novembre 1874.

Élection de M. Jamin.

La Commission nommée pour préparer une liste de candidats à la place de secrétaire perpétuel, vacante

par le décès de M. J.-B. Dumas, présente une liste
de deux candidats, classés par *ordre alphabétique*.

Comité secret du 2 juin 1884.

Élection de M. Vulpian.

La Commission chargée de présenter une liste de
candidats pour la place de secrétaire perpétuel, vacante
par suite du décès de M. Jamin, présente une liste
de deux candidats, classés par *ordre d'ancienneté*.

Comité secret du 22 mars 1886.

Les membres ne peuvent appartenir à deux classes différentes.

La première classe pourra élire jusqu'à six de ses membres parmi ceux des autres classes.

Les membres de chaque Académie pourront être élus aux trois autres Académies.

Chaque classe de l'Institut a un local où elle s'assemble en particulier.

Aucun membre ne peut appartenir à deux classes différentes; mais il peut assister aux séances et concourir aux travaux d'une autre classe.

Art. IV de la Loi du 3 brumaire an IV (25 octobre 1795).

La première classe pourra élire jusqu'à six de ses membres parmi ceux des autres classes de l'Institut.

Elle pourra nommer cent correspondants, pris parmi les savants nationaux et étrangers.

Art. II de l'Arrêté du 3 pluviôse an XI (23 janvier 1803).

Les membres de chaque Académie pourront être élus aux trois autres Académies.

Art. IX de l'Ordonnance royale du 21 mars 1816.

Élections.

Aʀᴛ. IX. — Pour la formation de l'Institut national, le Directoire exécutif nommera quarante-huit membres qui éliront les quatre-vingt-seize autres.

Les cent quarante-quatre membres réunis nommeront les associés.

Aʀᴛ. X. — L'Institut une fois organisé, les nominations aux places vacantes seront faites par l'Institut, sur une liste au moins triple présentée par la classe où une place aura vaqué.

Il en sera de même pour la nomination des associés, soit français, soit étrangers.

Loi du 3 brumaire an IV (25 octobre 1795).

Aʀᴛ. X. — Quand une place sera vacante dans une classe, un mois après la notification de cette vacance, la classe délibérera, par la voie du scrutin, s'il y a lieu ou non de procéder à la remplir. Si la classe est d'avis qu'il n'y a point lieu d'y procéder, elle délibérera de nouveau sur cet objet trois mois après, et ainsi de suite.

Aʀᴛ. XI. — Lorsqu'il sera arrêté qu'il y a lieu de procéder à l'élection, la section dans laquelle la place

3

sera vacante présentera à la classe une liste de cinq candidats au moins.

Art. XII. — S'il s'agit d'un associé étranger, la liste sera présentée par une commission formée d'un membre de chaque section de la classe, élu par cette section.

Art. XIII. — Si deux membres de la classe demandent qu'un ou plusieurs autres candidats soient portés sur la liste, la classe délibérera par la voie du scrutin, et séparément, sur chacun de ces candidats.

Art. XIV. — La liste étant ainsi formée et présentée à la classe, si les deux tiers des membres sont présents, chacun d'eux écrira sur un billet les noms des candidats portés sur la liste, suivant l'ordre du mérite qu'il leur attribue, en écrivant 1 vis-à-vis du dernier nom, 2 vis-à-vis de l'avant-dernier nom, 3 vis-à-vis du nom immédiatement supérieur, et ainsi du reste jusqu'au premier nom.

Art. XV. — Le président fera à haute voix le dépouillement du scrutin, et les deux secrétaires écriront au-dessous des noms de chaque candidat les nombres qui leur correspondent dans chaque billet. Ils feront ensuite les sommes de tous ces nombres, et les trois noms auxquels répondront les trois plus grandes sommes formeront, dans le même ordre, la liste de présentation à l'Institut.

Art. XVI. — S'il arrive qu'une ou plusieurs autres sommes soient égales à la plus petite de ces trois sommes, les noms correspondants seront portés sur

la liste de présentation, dans laquelle on tiendra note
de l'égalité des sommes.

Art. XVII. — Si les deux tiers des membres ne
sont pas présents à la séance, la formation de la liste
de présentation à l'Institut sera renvoyée à la plus
prochaine séance qui réunira les deux tiers des
membres.

Art. XVIII. — La liste formée par la classe sera
présentée à l'Institut dans la séance suivante. Un
mois après cette présentation, si les deux tiers des
membres de l'Institut sont présents à la séance, on
procédera à l'élection; autrement, l'élection sera
renvoyée à la plus prochaine séance qui réunira la
majorité des membres.

Art. XIX. — L'élection aura lieu entre les candidats portés sur la liste de présentation de la classe,
suivant le mode prescrit pour la formation de cette
liste. Le candidat au nom duquel répondra la plus
grande somme sera proclamé par le président, qui lui
donnera avis de sa nomination.

Art. XX. — Dans le cas de l'égalité des sommes les
plus grandes, on procédera, un mois après, et suivant
le mode précédent, à un nouveau scrutin entre les
seuls candidats aux noms desquels ces sommes ré-
pondent.

Loi du 15 germinal an IV (4 avril 1796).

La classe, après avoir discuté les listes de candidats
pour les places d'associés non résidants, qui lui sont

présentées par la section des Arts mécaniques et par celle d'Astronomie, arrête que les sections ne pourront pas lui proposer plus de douze candidats, pour six places.

Séance du 11 pluviôse an IV (31 janvier 1796).

Sur la motion d'un membre, l'assemblée arrête que son secrétaire formera une liste de tous les savants qui se présenteront pour une place de membre ou d'associé de la classe des Sciences physiques et mathématiques, et que cette liste renfermera un état des titres qu'ils auront fait valoir.

Séance du 26 germinal an IV (15 avril 1796).

Le président annonce que le nombre des membres présents est de 42; l'assemblée procède au scrutin et, conformément au règlement, à la réduction à 3 de la liste de candidats présentés par la section des Arts mécaniques. Les bulletins, recueillis par un des secrétaires, sont renfermés dans un paquet que l'on cachète.

On passe au dépouillement du scrutin pour la section des Arts mécaniques et, conformément au règlement, les 3 candidats à côté des noms desquels sont écrites les sommes les plus fortes sont les cit. Carnot, Bréguet et Janvier.

Séance du 26 prairial an IV (14 juin 1796).

Sur la proposition faite par un membre, au nom de la section d'Anatomie et de Zoologie, la classe va au scrutin, conformément au règlement, pour savoir s'il y a lieu à nommer à l'une des places d'associé non résidant, vacantes dans cette section. Le résultat est qu'il y a lieu à y nommer; et en conséquence la section d'Anatomie et de Zoologie est autorisée à présenter une liste de candidats.

Séance du 21 ventôse an V (11 mars 1797).

L'Institut arrête de ne pas compter dans l'état des membres qui peuvent concourir à une élection les membres absents en vertu de missions du gouvernement.

Séance générale du 5 nivôse an V (25 décembre 1796).

Dans le mois qui suivra l'annonce de la vacance d'une place de membre ou d'associé étranger, l'Académie délibérera s'il y a lieu ou non d'élire, après avoir entendu sur cet objet le rapport de la section dans laquelle la place sera vacante.

Si l'Académie juge qu'il n'y a pas lieu d'élire, elle délibérera de nouveau et de la même manière sur cet objet, six mois après, et ainsi de suite.

Lorsque l'Académie aura arrêté qu'il y a lieu d'élire, tous les membres seront convoqués pour la séance suivante. La section dans laquelle la place sera vacante y présentera trois candidats au moins, dans l'ordre de préférence qu'elle leur accorde. S'il s'agit d'un étranger, la classe nomme à la majorité relative, et pour tenir lieu de section, six membres auxquels le président sera adjoint. Trois de ces membres seront pris dans les sections mathématiques, et trois dans les sections physiques.

Le mérite des candidats présentés par les sections, et de ceux qu'elle pourrait avoir omis, sera discuté en séance secrète.

Dans la séance qui suivra cette discussion, pour laquelle les membres seront de nouveau convoqués, si les deux tiers sont présents, on procédera à l'élection par voie de scrutin individuel, sans s'astreindre à aucune liste. Si le premier tour de scrutin ne donne point de majorité absolue, on procédera à un second tour. S'il n'en résulte point encore de majorité absolue, on procédera à un scrutin de ballottage entre tous les candidats qui n'en auront point deux autres supérieurs en suffrages. On continuera ce scrutin de ballottage, toujours avec la même condition, jusqu'à ce que l'on obtienne la majorité absolue. Si l'on parvient à une égalité de suffrages entre les candidats, l'élection entre eux seuls sera remise à la séance suivante, pour laquelle il y aura une convocation nouvelle. Si les deux tiers des membres ne sont pas présents à la première séance indiquée pour l'élection, les membres seront convoqués de nouveau pour la séance suivante; et il suffira, pour procéder à l'élection, de la majorité des membres de l'Académie.

Art. IV du Règlement du 15 avril 1816.

Dans le mois qui suivra l'annonce de la vacance d'une place de membre ou d'associé étranger, l'Académie délibérera s'il y a lieu ou non d'élire, après avoir entendu sur cet objet le Rapport de la section dans laquelle la place sera vacante.

Si l'Académie juge qu'il n'y a pas lieu d'élire, elle délibérera de nouveau et de la même manière sur cet objet, six mois après, et ainsi de suite.

Lorsque l'Académie aura arrêté qu'il y a lieu d'élire, tous les membres seront convoqués pour la séance suivante. La section dans laquelle la place sera vacante y présentera trois candidats au moins, dans l'ordre de préférence qu'elle leur accorde. S'il s'agit d'un étranger, la classe nomme à la majorité relative, et pour tenir lieu de section, six membres auxquels le président sera adjoint. Trois de ces membres seront pris dans les sections mathématiques, et trois dans les sections physiques.

Le mérite des candidats présentés par les sections, et de ceux qu'elle pourrait avoir omis, sera discuté en séance secrète.

Dans la séance qui suivra cette discussion, les membres ayant été de nouveau convoqués, si les deux tiers sont présents, on procédera à l'élection par voie de scrutin individuel, sans s'astreindre à aucune liste.

Les deux premiers tours demandent pour l'élection la majorité absolue.

Si elle n'est pas obtenue, on continuera les scrutins, toujours à la même condition, jusqu'à ce qu'on arrive à avoir deux candidats ayant un nombre de voix supérieur à celui des autres.

Le scrutin, entre ces deux candidats, devient alors un scrutin de ballottage, et ne demande pour l'élection que la majorité relative.

Si, au scrutin de ballottage, les deux candidats se trouvent avoir le même nombre de voix, l'élection entre ces deux mêmes candidats est renvoyée à la séance suivante.

Quel que soit le résultat des scrutins, il n'y en aura jamais plus de quatre dans une séance.

Art. IV du Règlement de 1816, modifié en 1864.

———

Il est donné lecture d'une lettre de M. le Ministre de l'Instruction publique, lettre par laquelle M. le Ministre demande que, « lorsqu'il sera procédé à l'élection d'un nouveau membre, il soit joint à l'extrait du procès-verbal qui, jusqu'ici, indique uniquement le nom du candidat sur lequel s'est réunie la majorité des suffrages, l'énonciation du prénom du nouvel élu, la date précise et le lieu de sa naissance, l'indication de ses titres et une notice de ses ouvrages et de ses travaux ».

L'Académie décide que, dorénavant, M. le secrétaire perpétuel adressera en même temps à M. le Ministre : 1° le nom et les prénoms du candidat élu ; 2° l'indication de ses titres tels qu'ils auront été présentés par la section ; et enfin 3° le lieu et la date de la naissance.

Comité secret du 6 février 1854.

———

La discussion sur la rédaction de l'article relatif à l'élection des membres est reprise.

Il est donné lecture de la nouvelle rédaction qui suit :

Dans la séance qui suivra cette discussion, les membres ayant été de nouveau convoqués, si les deux

tiers sont présents, on procédera à l'élection par voie
de scrutin individuel, sans s'astreindre à aucune liste.

Les deux premiers tours demandent pour l'élection
la majorité absolue.

Si elle n'était pas obtenue, on continuera les scrutins, toujours à la même condition, jusqu'à ce qu'on
arrive à avoir deux candidats ayant un nombre de
voix supérieur à celui des autres.

Le scrutin, entre ces deux candidats, devient alors
un scrutin de ballottage et ne demande, pour l'élection, que la majorité relative.

Si, au scrutin de ballottage, les deux candidats se
trouvent avoir le même nombre de voix, l'élection
entre ces deux mêmes candidats est renvoyée à la
séance suivante.

Quel que soit le résultat des scrutins, il n'y en aura
jamais plus de quatre dans une séance.

Cette nouvelle rédaction est adoptée.

Comité secret du 1er août 1864.

L'Académie, éclairée par la discussion présente
(celle relative aux académiciens libres) et reconnaissant les conséquences que pourrait avoir le moindre
changement à ses anciens règlements, supprime la
réimpression récente qu'elle avait ordonnée et arrête
qu'il ne sera fait qu'une réimpression scrupuleusement
textuelle de celui qui a été approuvé en 1816 par l'ordonnance du Roi.

Cette décision annule celle du 1er août précédent.

Comité secret du 21 novembre 1864.

Rang d'ancienneté dans le cas où plusieurs élections auraient lieu dans la même séance.

Si plusieurs candidats sont élus dans la même séance, l'âge déterminera leur rang d'ancienneté dans la liste des membres de l'Institut.

Art. XXI de la Loi du 15 germinal an IV.

Confirmation des Élections par le Chef de l'État.

Les nominations aux places vacantes seront faites par chacune des classes où ces places viendront à vaquer; les sujets élus seront confirmés par le premier Consul.

Art. VIII de l'Arrêté du 3 pluviôse an XI (23 janvie 1803).

L'Académie, à l'occasion de l'élection de M. Brewster, nommé Associé étranger dans la dernière séance, décide que les élections de ses membres précédemment soumises à l'approbation du Roi, et plus anciennement à celle de l'Empereur et du premier Consul, seront soumises maintenant à l'approbation du Président de la République.

Comité secret du 8 janvier 1849.

ÉLECTIONS NON APPROUVÉES.

Le 27 mai 1816, l'Académie procède à l'élection d'un académicien libre.

M. Joseph Fourier est élu.

Par une lettre en date du 29 mai 1816, Lainé, Ministre de l'Intérieur, informe l'Académie des Sciences que le Roi n'a pas approuvé cette élection.

Le 10 novembre 1823, l'Académie procède à l'élection d'un membre de la section de Mécanique en remplacement de Bréguet.

M. Hachette est élu.

L'élection n'est pas approuvée et, le 26 janvier 1824, M. Navier est élu.

Déclarations de vacances.

Quand une place sera vacante dans une classe, un mois après la notification de cette vacance la classe délibérera, par la voie du scrutin, s'il y a lieu ou non de procéder à la remplir. Si la classe est d'avis qu'il n'y a point lieu d'y procéder, elle délibérera de nouveau sur cet objet trois mois après, et ainsi de suite.

Art. X de la Loi du 15 germinal an IV (4 avril 1796).

Dans le mois qui suivra l'annonce de la vacance d'une place de membre ou d'associé étranger, l'Académie délibérera s'il y a lieu ou non d'élire, après avoir entendu sur cet objet le Rapport de la section dans laquelle la place sera vacante.

Si l'Académie juge qu'il n'y a pas lieu d'élire, elle délibérera de nouveau et de la même manière sur cet objet, six mois après, et ainsi de suite.

Art. VI du Règlement du 15 avril 1816.

La section de Physique déclare qu'elle n'est point en mesure de faire une présentation.

Après une discussion approfondie, à laquelle plusieurs membres prennent part, l'Académie décide, à la pluralité des voix, que la section sera invitée à faire une présentation de candidats dans la séance prochaine.

Comité secret du 1er juin 1840.

Un membre de l'Académie développe les deux propositions suivantes :

Première proposition. — La déclaration d'une section de l'Académie, à la question de savoir s'il y a lieu ou non de nommer à une place vacante, sera faite en Comité secret.

Seconde proposition. — Toute lettre adressée par le Gouvernement, et qui, au jugement du Bureau, pourrait donner lieu à des discussions, sera lue en comité secret.

Ces deux propositions sont adoptées.

Comité secret du 8 juillet 1840.

Sur la proposition d'un membre, l'Académie décide que la commission désignée pour présenter une liste de candidats à la succession de M. J. Herschel est chargée de s'occuper également de la formation de la liste relative à la succession de M. R. Murchison.

Comité secret du 19 février 1872.

Adjonctions aux listes de Candidats.

La section de Botanique présente une liste de candidats à la place vacante par suite du décès de M. Gaudichaud.

Un membre demande que le nom de M. X. soit ajouté à la liste des candidats.

Cette proposition sera examinée dans la séance prochaine.

Comité secret du 4 décembre 1854.

La discussion sur les titres des candidats étant terminée, M. N. rappelle la proposition qu'il a faite dans la précédente séance.

Cette proposition est mise aux voix et n'est pas adoptée.

Comité secret du 11 décembre 1854.

La section d'Anatomie et Zoologie présente une liste de candidats à la place vacante par le décès de M. Duméril.

Sur la proposition d'un membre, le nom de M. X. est porté sur la liste des candidats par l'Académie.

Sur la proposition d'un autre membre, le nom de

M. X. est également porté sur cette liste par l'Académie.

Les titres des candidats sont discutés.

Comité secret du 17 décembre 1860.

La section de Botanique présente une liste de candidats à la place vacante par suite du décès de M. Payer.

Un membre, ayant proposé d'adjoindre M. X. à la liste des candidats, l'Académie va au scrutin sur cette proposition.

Sur 51 votants, il y a :

23 oui,

28 non.

En conséquence, le nom de M. X. ne sera pas adjoint à la liste.

Comité secret du 14 janvier 1861.

La section de Géométrie présente une liste de candidats à la place vacante par suite du décès de M. Biot.

Plusieurs membres ayant demandé que le nom de M. X. soit adjoint à la liste, cette question est soumise au scrutin qui donne le résultat suivant :

Oui.............. 28 suffrages

Non............. 22 suffrages.

En conséquence, le nom de M. X. est adjoint à la liste de présentation.

Les titres de ces candidats sont discutés.

Comité secret du 7 avril 1862.

M. Dupin présente une liste de candidats à la place vacante, dans la section de Mécanique, par suite du décès de M. Clapeyron.

Un membre propose d'adjoindre le nom de M. X. à la liste des candidats.

Cette proposition est appuyée. — La discussion est renvoyée à la séance suivante.

Comité secret du 26 décembre 1864.

La discussion est reprise. Après sa clôture, il est procédé au scrutin sur la question de savoir si M. X. sera adjoint à la liste des candidats. Sur 57 votants il y a :

30 oui,

22 non,

5 billets blancs.

M. X. sera adjoint.

Un membre présente M. X. comme devant être adjoint à la liste des candidats. On lit une lettre de M. X. Il y a un tour de scrutin à la suite duquel M. X. est adjoint à la liste.

M. N. présente les titres de M. X.

Comité secret du 9 janvier 1865.

Un membre demande, au nom de la section de Médecine et Chirurgie, que la présentation que cette section devait faire, dans la séance de ce jour, soit remise à la séance suivante.

Une discussion s'établit à ce sujet, à la suite de

laquelle la proposition de la section de Médecine est repoussée.

En conséquence, la section présente une liste de candidats.

La discussion des titres est renvoyée à la prochaine séance.

Comité secret du 20 mai 1867.

Plusieurs membres demandent que le nom de M. X. soit porté sur la liste de présentation.

La section, après s'être retirée pour en délibérer, déclare qu'elle ajoute à sa liste :

En 3ᵉ ligne...................... M. X.
En 4ᵉ ligne...................... M. Y.

Comité secret du 27 mai 1867.

M. Andral présente une liste de candidats à la place vacante dans la section de Médecine et Chirurgie par suite du décès de M. Serres.

Les titres des candidats sont discutés.

Sur la demande de plusieurs membres, l'Académie procède au scrutin sur la question de savoir si les noms de MM. X. et Y. seront ajoutés à la liste présentée par la section.

Le scrutin donne pour l'adjonction de M. X. :

25 oui,

2 non ;

pour l'adjonction de M. Y. :

8 oui,

12 non.

Comité secret du 25 mai 1868.

A l'occasion de la présentation d'une liste de candidats à la place de M. Delessert, à la suite de la discussion, un membre demande l'adjonction du nom de M. X. à la liste présentée à l'Académie.

Cette adjonction est prononcée.

Comité secret du 28 décembre 1868.

M. de Saint-Venant présente, au nom de la section de Mécanique, une liste de candidats à la place vacante par le décès de M. le général Morin.

Un membre demande à l'Académie d'adjoindre le nom de M. X. à la liste qui lui est présentée.

Cette demande étant à la fois appuyée et combattue, M. le Président renvoie l'examen de cette question à la section de Mécanique.

Comité secret du 17 mai 1880.

M. Tresca déclare que la section de Mécanique s'est réunie de nouveau pour examiner les titres des divers candidats. Elle a pris en sérieuse considération les observations qui ont été présentées au dernier comité secret, mais elle exprime le regret de ne pouvoir modifier, par aucune adjonction, sa liste de présentation.

Comité secret du 24 mai 1880.

M. de Saint-Venant présente une liste de candidats à la place vacante dans la section de Mécanique par suite du décès de M. Bresse.

Un membre demande l'adjonction de M. X. à cette liste. Cette demande est appuyée. M. Tresca, au nom de la section de Mécanique, demande la parole pour s'opposer à cette adjonction.

Conformément à plusieurs précédents dont M. le Président ne croit pas devoir s'écarter, l'Académie est appelée à se prononcer par *oui* ou par *non*.

M. X. est adjoint à la liste.

Comité secret du 10 décembre 1883.

L'ordre du jour appelle la discussion de la proposition relative au mode d'adjonction aux listes des sections, à une place vacante, déposée par M. N. et vingt-six autres membres de l'Académie, le 25 février 1884.

Plusieurs membres prennent la parole. Il est décidé que, sans rien changer à son règlement, l'Académie sera consultée dans chaque occasion sur l'ordre à donner à la discussion.

Comité secret du 20 avril 1885.

Interversions dans l'ordre des nominations aux places vacantes.

La section de Chimie, par l'organe de son doyen, demande l'autorisation de faire sa déclaration de vacance dans la séance du 14 octobre prochain.

En procédant ainsi, l'ordre des places vacantes sera interverti, car la section de Zoologie a une place vacante depuis plus longtemps que la section de Chimie ; mais, d'une part, la section de Zoologie ne peut faire, en ce moment, sa déclaration, à cause de l'absence de plusieurs de ses membres ; et, de l'autre, la section de Chimie fait bien remarquer que, en demandant une autorisation expresse à l'Académie, elle a presque pour objet d'empêcher que l'interversion actuelle puisse faire un précédent pour l'avenir.

Plusieurs membres apprécient la proposition de la section de Chimie.

La question, posée et entendue comme il vient d'être expliqué, est mise aux voix et adoptée.

Comité secret du 30 septembre 1844.

L'Académie, considérant que la section de Botanique déclare n'être pas prête pour la présentation d'une liste de candidats et, d'un autre côté, que la section de Géométrie déclare, au contraire, être prête pour cet objet, autorise, par un vote exprès, la section de Géométrie à faire sa présentation avant celle de la section de Botanique.

Comité secret du 7 avril 1856.

M. le Président demande à l'Académie, afin d'accélérer ses travaux, de vouloir bien décider que la section d'Astronomie fera sa déclaration de vacance à la place de M. Delaunay, dans sa séance suivante.

Elle pourrait ainsi faire procéder à l'élection pendant que la Commission de l'académicien libre préparerait sa liste de présentation.

Un membre fait quelques observations au sujet de l'inconvénient qu'il y aurait à intervertir l'ordre des nominations. Ces observations étant appuyées, il est procédé au vote sur la proposition de M. le Président.

L'Académie décide que l'élection dans la section d'Astronomie n'aura lieu qu'après celle de l'académicien libre.

Comité secret du 24 février 1873.

Présentations de listes non acceptées ou rectifiées par l'Académie.

Au nom de la section d'Anatomie et Zoologie, M. le comte de Lacépède présente une liste partagée en deux sections (étrangers et nationaux) entre lesquelles on n'établit aucune comparaison, mais, dans chaque colonne, les noms sont placés par ordre de mérite.

Plusieurs membres réclament contre cette division, qui laisse dans le doute sur le mérite relatif des savants qui composent les deux colonnes. La section est invitée à faire un nouveau Rapport où les nationaux et les étrangers, confondus, seront rangés par ordre de mérite.

Comité secret du 17 novembre 1817.

M. de Jussieu présente une liste de candidats correspondants à une place vacante dans la section de Botanique.

On propose d'ajouter à la liste les noms de MM. X. et Y.

La section est invitée à délibérer sur la place qu'elle croira devoir donner à ces nouveaux concurrents et à présenter sa liste définitive dans la séance prochaine.

Comité secret du 1er décembre 1817.

Au nom de la section d'Astronomie, M. Cassini présente une liste de candidats correspondants. L'adjonction à cette liste des noms de MM. X. et Y. ayant été demandée, l'Académie renvoie cette présentation à la section, avec prière de classer les deux candidats.

Comité secret du 8 décembre 1817.

La section de Physique présente, par l'organe de son doyen, M. Becquerel, une liste de candidats à la place de M. Babinet. Cette liste porte trois noms classés *ex æquo* en première ligne et onze noms classés en deuxième ligne.

Un membre soumet à l'Académie quelques observations au sujet de la présentation de trois candidats en première ligne; il rappelle les usages constants de l'Académie en semblable occurrence, et son Règlement.

Ces observations sont appuyées par plusieurs membres.

A la suite de la discussion qui s'établit à ce sujet, l'Académie décide par un vote que la section sera priée de procéder à une nouvelle présentation dans la prochaine séance.

Comité secret du 21 avril 1873.

La section de Physique déclare que, ne pouvant faire une présentation différente de celle qui lui a été renvoyée par l'Académie, elle propose d'ajourner la présentation à six mois.

Cette proposition n'ayant pas été agréée par l'Académie, la section reproduit la liste proposée par elle dans la séance précédente.

Une discussion s'engage à ce sujet, à la suite de laquelle l'Académie décide :

1° Que la liste présentée par la section de Physique dans la séance du 21 avril et reproduite dans celle-ci ne sera pas insérée au compte rendu imprimé de la séance;

2° Que la liste ne sera pas lue dans la séance où se fera l'élection.

Comité secret du 28 avril 1873.

Présentations, par une même section, de listes doubles pour une même place.

La section de Minéralogie présente deux listes de candidats pour une place de correspondant vacante par suite de la nomination de M. L. de Buch au titre d'associé étranger :

1° Une liste de géologues ;
2° Une liste de minéralogistes.

Comité secret du 11 avril 1842.

La section de Géographie et Navigation présente, pour remplacer M. l'amiral Roussin, au premier rang et hors ligne M. X. Elle classe ensuite les autres candidats en trois listes différentes : marins, hydrographes et géographes.

Comité secret du 1er mai 1854.

La section de Chimie présente, par l'organe de M. Thenard, une liste de candidats à la place de correspondant vacante par suite du décès de M. Laurent.

Cette liste est divisée en candidats régnicoles et étrangers.

Comité secret du 26 février 1855.

Au nom de la section de Médecine et Chirurgie, M. Serres présente une liste de candidats à la place de M. Magendie.

Avant de passer à la discussion des titres, un membre présente quelques remarques sur les inconvénients des présentations *ex æquo*. Ce procédé est contraire à l'usage dominant de l'Académie et, de plus, il n'éclaire pas suffisamment sur le mérite relatif des candidats.

L'Académie décide que la liste présentée sera renvoyée à un nouvel examen de la section.

Comité secret du 17 mars 1856.

La section de Médecine et Chirurgie déclare qu'elle maintient la liste qu'elle a présentée dans la séance précédente, ainsi que les *ex æquo* qui s'y trouvaient.

La majorité de la section recommande à l'Académie la liste de Médecine.

Comité secret du 24 mars 1856

La section de Minéralogie présente une liste de candidats à la place vacante par suite de la nomination de M. Élie de Beaumont aux fonctions de secrétaire perpétuel.

Cette liste est divisée en candidats géologues et en candidats minéralogistes.

Comité secret du 23 février 1857.

Élections doubles ou triples dans une même séance.

Si plusieurs candidats sont élus dans la même séance, l'âge déterminera leur rang d'ancienneté dans la liste des membres de l'Institut.

Art. XXI de la Loi du 15 germinal an IV (4 avril 1796).

Dans sa séance du 18 novembre 1816, l'Académie a procédé à deux élections de correspondants à deux places vacantes dans la section d'Économie rurale.

Dans la séance suivante, celle du 25 novembre, l'Académie a élu deux correspondants pour la section de Géographie et Navigation.

Le 2 décembre 1816, l'Académie a élu trois correspondants : deux pour la section de Chimie, un pour la section de Minéralogie.

L'Académie décide que deux élections auront lieu dans la séance prochaine : l'une à la place d'associé étranger vacante par le décès de M. Robert Brown, l'autre à la place de correspondant vacante par le décès du prince Charles Bonaparte.

Comité secret du 18 avril 1859.

L'Académie décide que deux élections de correspondants auront lieu dans sa séance du 4 juin 1860, pour le remplacement de M le baron Plana et de M. R. Owen, élus associés étrangers.

Comité secret du 28 mai 1860.

L'Académie décide qu'elle procédera, dans sa prochaine séance, à deux élections de correspondants en remplacement de M. de Tessan, élu membre de l'Académie, et de M. Vicat décédé.

Comité secret du 8 juillet 1861.

Même décision est prise pour remplacer MM. W. Scoresby et Dujardin, décédés.

Comité secret du 5 août 1861.

Au nom des trois sections réunies d'Astronomie, de Géographie et Navigation et de Géométrie, M. Chasles présente *trois* listes de candidats pour remplir les *trois* places de membres titulaires vacantes au Bureau des Longitudes.

Un membre demande que M. X. soit adjoint sur la liste des candidats *au titre de l'Académie des Sciences*. Cette proposition est appuyée par M. N. Elle n'est pas adoptée.

Comité secret du 29 juillet 1861.

Les trois élections ont lieu en séance publique, le 5 août 1861.

Comptes rendus, t. LIII, p. 232.

———————

Une Commission, composée des trois sections d'Astronomie, de Géographie et Navigation et de Géométrie, présente *deux* listes de candidats aux *deux* places vacantes au Bureau des Longitudes (remplacement de M. Deloffre et de M. Lamé).

Comité secret du 19 décembre 1864.

———————

L'Académie décide que dans sa prochaine séance elle procédera à deux élections : la première pour la désignation de deux candidats au Bureau des Longitudes pour le remplacement de M. Foucault, décédé ; la seconde pour le remplacement de M. Dumas, élu secrétaire perpétuel.

Comité secret du 4 mai 1868.

**Adjonctions de membres aux sections incomplètes,
pour présentations de candidats.**

L'Académie décide qu'il sera procédé, dans la prochaine séance, à la désignation de deux membres qui, s'adjoignant à M. Duperrey, auront à s'occuper avec lui de la déclaration de vacance dans la section de Géographie et Navigation.

Comité secret du 20 mars 1854.

La section de Géographie et Navigation, à laquelle a été adjoint M. Élie de Beaumont, déclare qu'il y a lieu d'élire à la place vacante par suite du décès de M. Beautemps-Beaupré.

Comité secret du 26 mars 1855.

L'Académie décide que, vu le petit nombre des membres de la section de Minéralogie qui se trouvent en ce moment à Paris, M. Élie de Beaumont sera adjoint à cette section pour la présentation d'une liste de candidats à la chaire de Minéralogie vacante par le décès de M. Dufrénoy.

Comité secret du 17 août 1857.

M. le doyen de la section de Géographie et Navigation demande que deux membres soient adjoints à cette section pour la présentation qu'elle devra faire prochainement. La discussion de cette proposition est renvoyée à la prochaine séance.

Comité secret du 19 mars 1866.

A la suite d'une discussion à laquelle plusieurs membres prennent part, il est procédé au scrutin, sur la proposition de M. le doyen de la section de Géographie et Navigation. Le dépouillement donne :

15 oui,

15 non.

La discussion sera reprise dans la prochaine séance.

Comité secret du 26 mars 1866.

La discussion est reprise. Plusieurs membres y prennent part.

Le dépouillement du scrutin donne :

18 oui,

19 non,

1 billet blanc.

En conséquence, l'Académie décide qu'il n'y aura pas d'adjonction.

Comité secret du 2 avril 1866.

A l'occasion de la déclaration de vacance à la place de M. Jobert de Lamballe, un membre demande, au nom de la section de Médecine et Chirurgie, que l'Académie veuille bien lui adjoindre un de ses membres pour remplacer, dans la présentation, M. N., qui est actuellement indisposé. Cette proposition n'est pas accueillie.

Comité secret du 13 mai 186-.

Académiciens libres.

Art. XVIII. — Il sera ajouté, tant à l'Académie royale des Inscriptions et Belles-Lettres qu'à l'Académie royale des Sciences, une classe d'académiciens libres, au nombre de dix pour chacune de ces deux Académies.

Art. XIX. — Les académiciens libres n'auront d'autre indemnité que celle du droit de présence.

Ils jouiront des mêmes droits que les autres académiciens, et seront élus selon les formes accoutumées.

Art. XX. — Les anciens honoraires et académiciens, tant de l'Académie royale des Sciences que de l'Académie royale des Inscriptions et Belles-Lettres, seront de droit académiciens libres de l'Académie à laquelle ils ont appartenu.

Ces Académies feront les élections nécessaires pour compléter le nombre de dix académiciens libres dans chacune d'elles.

Art. XXI. — L'Académie royale des Beaux-Arts aura également une classe d'académiciens libres, dont le nombre sera déterminé par un règlement particulier, sur la proposition de l'Académie elle-même.

Ordonnance royale du 21 mars 1816.

Art. VI. — Les académiciens libres ont voix délibérative en tout ce qui concerne les travaux de l'Académie, mais n'ont droit de suffrage que dans le cas où il s'agit de remplacer l'un d'eux.

Art. VII. — Il est nommé alors, à la pluralité relative des voix, une commission formée de deux membres des sections mathématiques, de deux membres des sections physiques, de deux académiciens libres et du président.

Art. VIII. — Les académiciens libres ont voix dans cette circonstance, tant pour la formation de la Commission que pour l'élection définitive.

Art. IX. — Ils ne peuvent être nommés académiciens ordinaires.

Règlement intérieur du 15 avril 1816.

Le Ministre de l'Intérieur annonce qu'il partage l'avis de l'Académie sur la nécessité de conserver ses règlements actuels. Il pense que les académiciens libres ne doivent pas être éligibles aux places de titulaires.

Séance du 15 avril 1816.

L'Académie va au scrutin pour la nomination d'un candidat à la place vacante à l'École de Pharmacie. Quarante-quatre suffrages sont exprimés.

La feuille de présence accuse 49 membres.

Les académiciens libres n'ont pas voté.

Procès-verbal de la séance du 6 juillet 1818.

On procède au scrutin pour l'élection du candidat demandé par le Ministre de l'Intérieur, pour la chaire vacante au Muséum d'Histoire naturelle par le décès de M. Thoüin.

Le nombre des votants est de 53.

La feuille de présence est signée de 58 noms.

Les académiciens libres n'ont pas voté.

Procès-verbal de la séance du 20 décembre 1824.

Dans sa séance du 12 octobre 1840, l'Académie a été appelée à présenter des candidats à la chaire d'Analyse et de Mécanique vacante à l'École Polytechnique.

La feuille de présence porte 52 noms.

41 suffrages ont été exprimés. Les académiciens libres n'ont pas voté.

Dans sa séance du 16 janvier 1843, l'Académie a présenté des candidats à la chaire de Physique vacante à l'École de Pharmacie de Montpellier.

44 suffrages ont été exprimés. — La feuille de présence porte 52 noms. Les académiciens libres n'ont pas voté.

Le 12 février 1844, l'Académie a présenté trois candidats à la place de Directeur des Études vacante à l'École Polytechnique.

60 membres ont signé la feuille de présence.

53 membres seulement ont pris part au vote.

Les académiciens libres n'ont pas voté.

M. Bussy donne lecture, au nom de la Commission des Arts insalubres, du Rapport sur le concours de l'année 1875.

A l'occasion de ce Rapport, un membre faitre marquer que plusieurs académiciens libres, en bien des circonstances, semblent hésiter à prendre part aux votes que l'Académie est appelée à émettre quand il s'agit de décerner des prix.

Il considère comme inadmissible que les académiciens libres, appelés fréquemment à faire partie des Commissions de prix, avec droit d'y voter, ne se croient plus admis à voter devant l'Académie elle-même sur les conclusions de Rapports dont ils peuvent être les auteurs.

Lecture ayant été donnée par M. le Président des articles réglementaires concernant les droits des académiciens libres, les observations de M. N. seront consignées au Procès-verbal.

Procès-verbal de la séance du 6 décembre 1875.

Carte et médaille des membres de l'Institut.

Costume.

D'après la réclamation d'un membre associé, l'Assemblée arrête que ses associés auront une carte d'entrée semblable à celle des membres résidents. .

Séance générale du 5 thermidor an V (23 juillet 1797).

Un membre, au nom de la classe de Littérature et des Arts, propose de substituer des médailles aux cartes d'entrée délivrées aux membres de l'Institut.

L'Assemblée adopte cette mesure.

Séance générale du 5 fructidor an VI (22 août 1797).

Un membre fait la proposition qu'il soit frappé une médaille qui sera distribuée aux membres de l'Institut pour remplacer leurs cartes actuelles. Après plusieurs amendements et une discussion sur cet objet, on va au scrutin sur cette proposition; elle est rejetée à la majorité de 62 voix contre 40.

Séance générale du 5 nivôse an VI (25 décembre 1797).

ARRÊTÉ DU GOUVERNEMENT SUR LE COSTUME
DES MEMBRES DE L'INSTITUT

Du 23 floréal an IX.

Les consuls de la République, sur le rapport du Ministre de l'Intérieur et sur la proposition de l'Institut national,
Le Conseil d'État entendu,

Arrêtent :

ARTICLE 1. — Il y aura pour les membres de l'Institut national un grand et un petit costume.

ART. II. — Ces costumes seront réglés ainsi qu'il suit :

Grand costume.

Habit, gilet ou veste, culotte ou pantalon noirs, brodés en plein d'une branche d'olivier, en soie, vert foncé ; chapeau à la française.

Petit costume.

Même forme et couleur, mais n'ayant de broderie qu'au collet et aux paremens de la manche, avec une baguette sur le bord de l'habit.

ART. III. — Le Ministre de l'Intérieur est chargé

de l'exécution du présent arrêté, qui sera inséré au *Bulletin des lois*.

Le Premier Consul,

Signé : BONAPARTE.

Par le Premier Consul, le Secrétaire d'État,

Signé : HUGUES B. MARET.

Contresigné par le Ministre de l'Intérieur,

Signé : CHAPTAL.

Pour ampliation, le Ministre de l'Intérieur,

Signé : CHAPTAL.

L'Institut arrête :

Les membres de l'Institut sont invités à porter dans les séances publiques et dans les séances générales le costume qui a été réglé par l'arrêté du Gouvernement du 23 floréal an IX.

Séance générale extraordinaire du 10 germinal an XI (31 mars 1803).

Les seuls membres et associés de l'Institut en porteront le costume.

Art. XIII du Règlement intérieur du 15 avril 1816.

La Commission décide qu'à l'avenir elle supportera les frais de la médaille de l'Institut à laquelle chacun de ses membres a droit.

Celle des associés étrangers leur sera adressée, comme cela avait lieu autrefois, dès que les renseignements nécessaires seront parvenus au Secrétariat.

Procès-verbal de la Commission administrative. Séance du 8 mai 1882.

Indemnités des membres.

Droits de présence.

---

*Loi qui accorde une indemnité aux Membres
de l'Institut national.*

Du 29 messidor an IV de la République française
(17 juillet 1796).

Le conseil des Anciens, adoptant les motifs de la
déclaration d'urgence qui précède la résolution ci-
après, approuve l'acte d'urgence.

*Suit la teneur de la déclaration d'urgence
du 19 messidor an IV.*

Le conseil des Cinq Cents, considérant que le progrès des sciences et la justice exigent qu'il soit accordé
un traitement aux membres qui composent l'Institut
national, et qu'il est pressant de pourvoir aux dépenses
de cet établissement,

Déclare qu'il y a urgence.

Le conseil, après avoir déclaré l'urgence, prend la
résolution suivante :

ART. 1. — Chaque membre de l'Institut national
recevra une indemnité qui ne pourra être sujette à

aucune réduction ni retenue, et qui sera répartie suivant les règlements intérieurs de l'Institut.

Le total sera calculé sur le pied de quinze cents francs pour chaque membre.

Art. II. — Il sera pris en conséquence pour cet objet une somme de deux cent seize mille livres sur les fonds destinés à l'encouragement des sciences et des arts, et mise à la disposition du Ministre de l'Intérieur.

Art. III. — Il sera compris sur les mêmes fonds la somme de soixante-quatre mille livres pour les dépenses ordinaires et extraordinaires de l'Institut, présentées par le Directoire exécutif dans son message du 14 de ce mois.

La présente résolution ne sera pas imprimée.

Signé : PELET DE LA LOZÈRE, président.

J.-V. DUMOLARD, J.-F. Philippe DELLEVILLE,
Secrétaires.

Après une seconde lecture, le conseil des Anciens approuve la résolution ci-dessus.

Du 29 messidor an IV de la République française.

Signé : PORTALIS, président.
M. DUMAS, RABAUT, MOYSSET, CRETET, secrétaires.

Le Directoire exécutif ordonne que la présente loi sera publiée, exécutée et qu'elle sera munie du sceau de la République.

Fait au palais national du Directoire exécutif, le

vingt-neuf messidor an IV de la République française une et indivisible.

Pour expédition conforme,

Signé : CARNOT, président.

Par le Directoire exécutif,

Le Secrétaire général, signé : LAGARDE.

Certifié conforme,

Le Ministre de la Justice, signé : MERLIN.

Pour copie conforme,

Le Ministre de l'Intérieur, signé : BENEZECH.

Le Secrétaire général, signé : BOCQUET.

Pour copie conforme,

Le Directeur général de l'Instruction publique,
Signé : GINGUENÉ.

L'Institut national, après avoir entendu le Rapport de la commission précédemment chargée de proposer le règlement, arrête le projet qui suit comme exprimant le vœu de l'Institut, sauf à régler les moyens de le faire adopter.

Chacun des membres de l'Institut recevra de la République une indemnité de la valeur de 750 myriagrammes de froment.

Cette indemnité ne sera susceptible d'aucune déduction, ni retenue, quelque modique qu'elle soit, même pour droit de quittance. Elle ne pourra être cédée ni déléguée, ni saisie en tout ou en partie; l'abandon qu'on en voudrait faire à titre d'offrande patriotique ne sera point accepté. Sur cette indemnité, il sera distrait à l'égard de chacun des membres de l'Institut une somme égale à la valeur de 150 myriagrammes de froment pour être répartie par forme de droit de présence entre les assistants aux séances tant généra- les que particulières à chaque classe.

Il sera tenu, en conséquence, un état de ceux qui assisteront à chaque séance particulière de leur classe et aux séances générales. Leur présence ne sera con- statée que par leur signature sur la feuille.

Le droit d'assistance des absents accroîtra à ceux qui seront présents à la séance, ce qui s'entend de la séance générale et de celle de chaque classe en parti- culier.

L'indemnité sera suspendue à l'égard des membres du Corps législatif, du Directoire, du Tribunal de cassation, de l'Administration et du Tribunal civil du département de la Seine et des Ministres, Ambassa- deurs et Commissaires du Directoire exécutif, mais ils participeront au droit de présence pour les séances auxquelles ils auront assisté.

L'indemnité est compatible avec tout traitement ou pension de retraite dérivant de fonctions qui con- cernent l'instruction publique, telles que celles de professeur de diverses écoles et de garde des biblio- thèques et musées, et enfin avec tout autre traitement non excepté par l'article précédent, pourvu que le tout réuni n'excède pas huit fois la valeur de l'indem- nité de l'Institut, ou six mille myriagrammes de fro- ment.

Le montant des indemnités suspendues sera réparti entre les membres de l'Institut âgés de 60 ans et non compris dans la suspension.

Lorsque l'Institut sera réduit à 48 membres de sa formation primitive, il se divisera, quant à la distribution de l'indemnité, en trois degrés résultant de l'ancienneté d'admission.

Les membres du 1er degré, ou les 48 derniers reçus, toucheront 900fr. Ceux du 2e degré, à partir du 49e membre jusqu'au 96e par date de réception, seront portés à 1500fr. Ceux du 3e degré, ou les 48 plus anciens, toucheront 2100fr.

Le tout estimé en myriagrammes.

Sur ces diverses indemnités il sera distrait dans chaque degré indistinctement 300fr d'après la même estimation pour faire les fonds du droit de présence.

Les indemnités suspendues continueront même alors d'être réparties entre ceux qui seront âgés de 60 ans.

Les nouveaux membres qui seront élus à compter de ce jour, jusqu'à ce que la division en trois degrés s'établisse, ne toucheront que l'indemnité de 900fr ou du premier degré, le surplus sera reversé également sur tous les membres de l'Institut, en exceptant ceux qui sont dans le cas de la suspension.

La commission de six membres établie par le règlement sera chargée de la répartition des indemnités, accroissements et droits de présence. Elle en dressera l'état à la fin de chaque trimestre pour être transmis au Ministre dans le département duquel se trouvera l'Institut, et pour en suivre le payement.

Signé à la minute : BAUDIN des Ardennes,
GRÉGOIRE,
LE BRETON.

Séance générale du 19 thermidor an IV (6 août 1796).

L'Institut arrête en principe qu'à l'avenir il sera frappé pour les droits de présence des médailles ayant pour types les têtes des savants, littérateurs, artistes célèbres et les principaux événements de la Révolution.

Sur la demande de la Commission des fonds, l'Institut arrête qu'il n'y aura pas de droit de présence pour les séances extraordinaires.

Séance générale du 5 vendémiaire an V
(26 septembre 1796).

A la suite d'un compte rendu par le cit. Cels des différentes opérations de la Commission des fonds relativement au payement des indemnités des membres de l'Institut, la classe arrête que le Bureau remettra à la Commission des fonds la liste des membres de la classe qui ont atteint l'âge de soixante ans.

Séance du 16 brumaire an V (6 novembre 1796).

Sur la proposition d'un membre, il est arrêté que ceux qui atteignent soixante ans ne jouiront du droit que cet âge leur donne que dans le mois qui suivra celui où ils auront déclaré au Bureau de leur classe qu'ils sont sexagénaires.

Séance générale du 5 ventôse an V (23 février 1797).

L'Institut recevra annuellement du Trésor public quinze cents francs pour chacun de ses membres non associés, six mille francs pour chacun de ses secrétaires perpétuels, et, pour ses dépenses, une somme qui sera déterminée tous les ans, sur une demande de l'Institut, et comprise dans le budget du Ministre de l'Intérieur.

Art. II de l'Arrêté du 3 pluviôse an XI (23 janvier 1803).

Il sera, chaque année, alloué au budget de notre Ministre secrétaire d'État de l'intérieur un fonds général et suffisant pour payer les traitements conservés et indemnités aux membres, secrétaires perpétuels et employés des quatre classes de l'Institut, ainsi que pour les divers travaux littéraires, les expériences, impressions, prix et autres objets.

Le fonds sera réparti entre chacune des quatre Académies qui composent l'Institut, selon la nature de leurs travaux, et de manière que chacune d'elles ait la libre jouissance de ce qui sera désigné pour son service.

Art. XXIII de l'Ordonnance royale du 21 mars 1816.

Sur le traitement de chaque membre de l'Académie, 3oo francs seront prélevés pour les droits de présence. Il sera fait un fonds de 3oo francs pour chaque académicien libre, pour ses droits de présence.

Art. XII du Règlement intérieur du 15 avril 1816.

Compte à rendre au Corps législatif.

Compte à rendre à l'Empereur.

L'Institut national aura quatre séances publiques par an. Les trois classes seront réunies dans ces séances.

Il rendra compte, tous les ans, au Corps législatif des progrès des sciences et des travaux de chacune de ses classes.

Art. VI de la loi du 3 brumaire an IV (25 octobre 1795).

Art. XL. — Les secrétaires de chaque classe se réuniront pour rédiger le compte de ses travaux : ils le présenteront, dans la première séance de fructidor, à la classe, qui, après l'avoir discuté, le présentera à l'Institut dans sa séance du même mois.

Art. XLI. — Le président de l'Institut écrira ensuite aux présidents des deux Conseils pour demander l'admission de la commission chargée de rendre compte au Corps législatif des travaux de l'Institut. Cette commission sera composée des bureaux des trois classes.

Loi du 15 germinal an IV (4 avril 1796).

Le Bureau invite la classe à proposer à l'Institut que le compte rendu des travaux de la classe qui doit être présenté au Corps législatif sera composé d'une notice de tous les mémoires des membres et des associés, ainsi que d'une indication de tous les rapports faits dans la classe, particulièrement de ceux qui ont été demandés par le Corps législatif ou le Gouvernement, et de toutes les délibérations tendant à favoriser le progrès des sciences.

La classe adopte l'avis du Bureau et le charge de le présenter, en son nom, à l'Institut, dans sa prochaine séance générale.

Séance du 1er fructidor an IV (18 août 1796).

———

Un rapport annuel sur l'état des travaux confiés par les règlements à chacune des cinq Académies sera rédigé conformément à l'article XL de la loi du 15 germinal an IV, et arrêté en séance générale de l'Institut. Il nous sera présenté par notre Ministre de l'Instruction publique et des Cultes.

Art. V du Décret du 14 avril 1855.

———

M. Flourens fait, au nom d'une commission composée du Bureau, des deux membres de la Commission administrative et de MM. Biot et Thenard le rapport suivant :

L'Académie a reçu communication, dans la séance du 1er septembre dernier, de la lettre suivante de M. le Ministre de l'Instruction publique adressée à M. Béranger, président actuel de l'Institut.

« Monsieur,

» L'article V du décret du 14 avril 1855 dispose qu'un rapport sur l'état des travaux confiés par les règlements à chacune des Académies doit être annuellement rédigé, conformément à l'article XL de la loi du 15 germinal an IV, et arrêté en assemblée générale de l'Institut.

» Je vous prie de vouloir bien rappeler cette prescription aux cinq Académies, et d'en assurer, dès à présent, l'exécution. »

Après avoir entendu la lecture de cette lettre et quelques observations présentées par divers membres, l'Académie a renvoyé l'examen des questions soulevées à une commission, composée du Bureau, des deux membres de la Commission administrative et de MM. Biot et Thenard.

La commission a consacré deux séances à cet examen, et son avis unanime est que le retour à l'article XL de la loi de l'an IV pour l'exposé des travaux de l'Académie serait un pas rétrograde, un pareil exposé ne pouvant, en aucune façon, répondre aux besoins de notre époque, laquelle demande tout à la fois des développements plus étendus et des publications plus immédiates.

Pour se former une opinion sur l'article dont il s'agit, il suffirait, sans doute, de rappeler que cet article n'a été mis à exécution que deux ou trois fois, et que, de cette exécution même, il n'est resté aucune trace essentielle et qu'on puisse citer; mais ce qui prouve encore plus, c'est que l'Académie, dès que ses règlements le lui ont permis, a passé à d'autres modes d'exposition de ses travaux, à des modes de plus en plus sérieux et complets, à des modes dont il reste trace.

Relativement à l'exposé des travaux de l'Académie, depuis la fondation de l'Institut, il y a eu trois modes.

Le premier est celui que prescrit l'article XL de la loi de l'an IV, lequel est ainsi conçu : « Les secrétaires de chaque classe se réuniront pour rédiger le compte de ses travaux; ils le présenteront dans la première séance de fructidor à la classe qui, après l'avoir discuté, le présentera à l'Institut dans sa séance du même mois.

Pour bien saisir l'esprit de cet article, il faut se rappeler que le principe qui régissait l'Institut, à cette première époque de son existence, est que tout devait y être fait en commun, même la nomination des membres de chaque classe qui se faisait alors par le corps entier, de telle sorte qu'un membre de la classe des Sciences physiques et mathématiques était souvent nommé par une majorité formée des membres de l'une ou l'autre des deux autres classes, celle des Sciences morales et politiques, ou celle de la Littérature et des Beaux-Arts et réciproquement.

C'est conformément à ce principe d'une communauté d'action encore mal entendue que l'article 40 de la loi de l'an IV porte que « chaque classe devra présenter, chaque année, à l'Institut le compte de ses travaux ».

L'expérience ne tarda pas à faire voir que cette seconde mesure était aussi inutile que la précédente, celle de la nomination des membres de chaque classe. par l'Institut entier, étant pleine d'inconvénients.

Aussi, dès la nouvelle organisation de l'Institut en l'an XI (organisation opérée sous l'inspiration du premier Consul), tout cet ordre de choses fut-il changé : chaque classe reprit son jeu libre et indépendant; chacune fit ses nominations par elle et pour elle; chacune enfin chargea ses secrétaires, devenus perpétuels de temporaires qu'ils avaient été jusque-là, de rédiger, selon les formes qu'elle leur prescrivit, le compte annuel de ses travaux.

Pour la classe des Sciences physiques et mathématiques, chacun des deux secrétaires eut à rédiger dès lors, chaque année, une *analyse* des travaux de la classe, ou, plus tard, de l'Académie : le secrétaire pour les Sciences mathématiques, une *analyse* des travaux faits dans ces sciences, et le secrétaire pour les Sciences physiques, une *analyse* des travaux faits dans les Sciences physiques.

Cette forme d'*analyse,* qui ne comprenait que les travaux des Membres de l'Académie et de ceux des Savants étrangers qui avaient obtenu un rapport, dura jusqu'en 1836.

A cette époque, l'Académie, qui sentait, chaque jour davantage, la nécessité de donner plus de développement et plus d'activité à la publicité de ses travaux et de ceux qui lui étaient présentés, résolut, après en avoir longtemps et mûrement délibéré, de substituer aux *analyses annuelles,* trop abrégées et trop tardives dans leur publication, les *Comptes rendus* actuels.

Elle décida que ces *Comptes rendus* paraîtraient toutes les semaines, qu'ils contiendraient un extrait ou une analyse exacte de chaque travail présenté, et que, à la fin de l'année, tous ces *Comptes rendus hebdomadaires* seraient réunis en un ou deux volumes.

A dater de cette époque (1836), il a paru chaque

année deux gros volumes de ce nouveau travail, et la collection entière en compte aujourd'hui (octobre 1856) quarante-deux (avec les volumes de Tables).

Ces *Comptes rendus* constituent aujourd'hui une publication nécessaire; toutes les Académies étrangères s'empressent de les imiter, et l'on peut dire, avec assurance, que leur suppression serait péniblement ressentie par les Savants de tous les pays.

En conséquence, la Commission pense que les *Comptes rendus* actuels doivent être maintenus, et que ce mode d'analyse est infiniment supérieur à celui que prescrivait, il y a un demi-siècle, l'article XL de la loi de l'an IV.

Avant de finir, il importe de remarquer que, si l'on excepte les *rapports* et les *instructions* qui lui sont demandés par le Gouvernement, et à la rédaction desquels l'Académie s'est toujours appliquée avec l'attention la plus scrupuleuse et la plus active, elle n'a point de travaux qui lui soient spécialement *confiés*, qu'elle n'en a d'autres que ceux auxquels se livre spontanément chacun de ses membres, travaux de recherches et de découvertes, et que par conséquent elle n'en doit et n'en peut devoir qu'un compte purement intellectuel et scientifique.

L'Académie approuve ce Rapport et décide qu'il sera immédiatement transmis à M. le Ministre de l'Instruction publique.

Comité secret du 13 octobre 1856.

Interdiction pour les membres de l'Académie de publier des Ouvrages non signés, portant la qualité de membres de l'Institut.

Le Secrétaire perpétuel de la classe de la Littérature française communique un arrêté de sa classe qui interdit à ses membres de prendre, à la tête d'un livre ou dans les journaux, le titre de membre de l'Institut, sans le faire précéder de son nom.

Cet arrêté est également adopté par la classe des Sciences.

Le Bureau avisera aux moyens d'empêcher que les articles signés d'une manière semblable puissent être insérés dans les journaux.

Séance du 25 janvier 1808.

Membres de l'Académie considérés comme assistant à toutes les séances.

L'Académie, vu l'âge et la cécité de M. N., arrête, à l'unanimité, qu'il sera considéré comme présent à toutes les séances.

Séance du 3 octobre 1825.

Même décision est prise à l'égard de M. N.

Séance du 7 novembre 1825.

La Commission décide que M. N. sera considéré comme assistant à toutes les séances de l'Académie, à partir du 1er octobre 1875.

Procès-verbaux de la Commission administrative. Séance du 26 octobre 1875.

Membres démissionnaires.

Séance générale du 5 pluviôse an VII (24 janvier 1799).

La place du cit. Delille, membre de la 3ᵉ classe, absent depuis plusieurs années, est-elle vacante ou non ?

Il y a 97 votants :

$$\text{Oui} \ldots\ldots\ldots \quad 61$$
$$\text{Non} \ldots\ldots\ldots \quad 35$$

Tout membre qui s'absentera plus d'une année sans l'autorisation de l'Académie sera censé avoir donné sa démission.

Art. XI du Règlement intérieur du 15 avril 1816.

M. le Secrétaire perpétuel donne lecture d'une dépêche de M. le Ministre de l'Instruction publique, informant l'Académie que, par une lettre en date du 24 décembre 1868, M. le vicomte d'Archiac lui a envoyé sa démission de membre de l'Académie des Sciences.

L'Académie a procédé au remplacement de M. d'Archiac, le 15 novembre suivant.

M. d'Archiac est décédé dans l'intervalle qui a séparé
sa démission de la nomination de son successeur.

Comité secret du 1er février 1869.

———

M. le Secrétaire perpétuel expose que, l'Académie
ayant renvoyé à sa Commission administrative l'examen de la question soulevée par la démission de
M. le comte Jaubert, elle a pris la résolution suivante :

« Vu la lettre, en date du 3 juillet 1872, adressée
à M. le Président de l'Institut, par laquelle M. le
comte Jaubert donne sa démission ;

» Vu la lettre du 5 juillet 1872 adressée à M. le
Président de l'Académie des Sciences ;

» Considérant que les démarches tentées pour obtenir de M. le comte Jaubert le retrait de sa démission sont demeurées sans résultat,

» La Commission administrative est d'avis qu'il y a
lieu d'accepter cette démission et de procéder, en la
forme ordinaire, au remplacement de M. le comte
Jaubert, membre libre de l'Académie des Sciences. »

L'Académie, consultée, déclare à l'unanimité
qu'elle accepte la démission de M. le comte Jaubert.

Comité secret du 11 novembre 1872.

Députations auprès des Membres.

Le cit. Darcet annonce à la classe la perte que l'Institut national vient de faire, par la mort du cit. Pelletier, membre de la section de Chimie.

L'Assemblée nomme les cit. Darcet et Parmentier pour aller témoigner les regrets que lui inspire cette mort à la veuve du cit. Pelletier.

Séance du 6 thermidor an V (24 juillet 1797).

Sur la proposition d'un membre, l'Assemblée charge les cit. Fourcroy et Guyton de se transporter, immédiatement après la séance, chez le cit. Siéyès, membre de la classe des Sciences morales et politiques, et de lui témoigner, au nom de la classe, la part qu'elle prend à l'attentat qui a été commis contre sa personne, et le désir qu'elle a de voir sa santé bientôt rétablie.

Séance du 26 germinal an V (15 avril 1797).

Les cit. Guyton et Fourcroy rendent un compte très satisfaisant de l'état de la santé du cit. Siéyès, membre de la classe des Sciences morales et politiques, chez lequel ils se sont transportés, conformément à l'arrêté du 26 germinal.

Séance du 1er floréal an V (20 avril 1797).

Funérailles.

— —

. . . .

D'après ces considérations, la commission compo-sée de vos confrères Laplace, Fourcroy, Cels, Nai-geon, Fleurieu, Camus, Mongez, Vincent et Baudin, vous propose le projet d'arrêté suivant :

ART. Ier. — Les membres de l'Institut national assistent au convoi de leurs confrères.

ART. II. — Chaque membre de l'Institut porte dans cette cérémonie un crêpe noir au bras gauche.

ART. III. — Les membres de l'Institut qui com-posent le bureau de la classe du défunt, ou qui sont ses amis particuliers ou ses proches voisins, sont invités à s'assurer le plus tôt possible du jour et de l'heure du convoi, pour en donner avis sur-le-champ au secrétariat de l'Institut.

ART. IV. — La commission des fonds est chargée d'ordonner les dépenses nécessaires, et de prendre les mesures convenables, pour que, au moment même où l'on sera prévenu au Secrétariat de l'heure d'un convoi, il en soit donné avis à tous les membres de l'Institut par des exprès qui leur seront envoyés. L'heure indiquée dans les billets d'avertissement sera toujours de rigueur.

Art. V. — Lorsque l'heure du convoi d'un membre de l'Institut concourt avec celle d'une séance, soit générale, soit particulière, la séance est remise au plus prochain jour libre. Cette disposition ne s'applique point aux séances publiques.

Art. VI. — Dans la séance publique où sera lue la notice relative aux membres décédés, leur famille aura des places marquées. Celui qui présidera la séance sera chargé de prévenir chaque famille, et la commission des fonds de la faire placer.

· L'assemblée approuve le rapport et en adopte les conclusions.

Séance générale du 5 frimaire an VII (25 novembre 1798).

On lit une adresse de l'un des membres, relative aux funérailles des membres.

Le projet est mis à la discussion et le président met aux voix la question de savoir si l'on décidera le principe, ou si on renverra le tout à une commission. On va au scrutin et la majorité se déclare pour donner la priorité à la discussion du principe.

On va au scrutin sur la question de savoir si l'Institut se chargera des frais des funérailles de ses membres. Le principe passe à une grande majorité.

L'Institut arrête que la commission sera composée des bureaux et de la commission administrative.

Séance générale du 4 janvier 1810.

La commission administrative propose de classer les funérailles des membres de l'Institut dans une des propositions déterminées par le décret impérial qui en fixe la dépense.

L'Assemblée adopte la proposition de se ranger dans la 3e classe dont le tarif est de 700fr.

Séance générale du 1er. octobre 1811.

Conformément à la proposition de la commission administrative, l'Académie arrête, sauf l'approbation de S. E. le Ministre de l'Intérieur, qu'une somme de 700fr à 1000fr au plus sera prise sur les fonds ordinaires de l'Académie pour payer les frais de funérailles de M. N.

Cette dépense est motivée sur l'état de la fortune de M. N., sur sa nombreuse famille et sur son désintéressement qui privent ses héritiers des moyens de supporter ces frais.

Séance du 14 juillet 1828.

Même décision est prise à l'égard de M. N.
La somme à prélever est de 900fr.

Séance du 25 novembre 1833.

M. le Président fait le rapport suivant, au nom de la commission chargée d'examiner la question relative au costume et au nombre des membres de l'Académie qui devront assister aux funérailles de leurs confrères, question qui a été soulevée par une lettre de M. Huyot, président de l'Institut pour l'année 1840.

Art. I. — Une députation de l'Académie assistera aux funérailles des membres qu'elle perdra.

Art. II. — Cette députation se composera :

1º Du Président, du Vice-Président, et de l'un des deux secrétaires perpétuels; savoir : du secrétaire pour les Sciences mathématiques quand le membre défunt aura appartenu aux sections mathématiques, et du secrétaire pour les Sciences physiques quand il aura appartenu aux Sciences physiques.

Et 2º Des membres de la section dont le défunt faisait partie;

Art. III. — MM. les Académiciens libres seront considérés comme formant une section et tenus, en conséquence, aux mêmes devoirs que les autres sections de l'Académie.

Art. IV. — MM. les membres seront invités à revêtir leur costume.

Ces propositions sont adoptées par l'Académie.

Comité secret du 20 juillet 1840.

Associés de l'Institut.

La classe, après avoir discuté les listes de candidats pour les places d'associé non résidant qui lui sont présentées par la section des Arts mécaniques et par celle d'Astronomie, arrête que les sections ne pourront pas lui proposer plus de douze candidats pour six places.

Séance du 11 pluviôse an IV (31 janvier 1796).

Les associés correspondront avec la classe à laquelle ils appartiennent. Ils lui enverront leurs observations et lui feront part de tout ce qu'ils connaîtront de nouveau dans les sciences et les arts. Lorsqu'ils viendront à Paris, ils auront droit d'assister aux séances de l'Institut et de ses classes et de participer à leurs travaux, mais sans y avoir ni voix élective ni fonctions relatives au régime intérieur. Ils ne cesseront d'être associés qu'après un an de domicile à Paris; et, dans ce cas, on procédera à leur remplacement.

Art. XXVI de la loi du 15 germinal an IV (4 avril 1796).

Associés étrangers.

Les membres associés étrangers auront voix délibérative seulement pour les objets de sciences, de
littérature et d'arts; ils ne feront partie d'aucune section et ne toucheront aucun traitement.

Art. VI de l'arrêté du 3 pluviôse an XI.

Correspondants.

La première classe pourra élire jusqu'à six de ses membres parmi ceux des autres classes de l'Institut.

Elle pourra nommer cent correspondants, pris parmi les savants nationaux et étrangers.

Arrêté du 3 pluviôse an XI (23 janvier 1803).

Les associés républicoles actuels de l'Institut feront partie des cent quatre-vingt-seize correspondants attachés aux classes des Sciences, des Belles-Lettres et des Beaux-Arts.

Les correspondants ne pourront prendre le titre de membres de l'Institut.

Ils perdront celui de correspondants lorsqu'ils seront domiciliés à Paris.

Art. VII de l'arrêté du 3 pluviôse an XI (23 janvier 1803).

L'Institut prend la décision suivante :

Vu l'arrêté du gouvernement du 23 floréal an IX portant :

Il y aura pour les membres de l'Institut national un grand et un petit costume ;

Vu l'arrêté du gouvernement du 3 pluviôse an IX, portant :

7

Les correspondants ne pourront prendre le titre de membres de l'Institut;

L'Institut national arrête que les correspondants seront avertis :

1° Que, d'après ces dispositions, ils ne peuvent porter le costume de l'Institut;

2° Qu'ils ne peuvent prendre d'autre titre que celui de correspondants de l'Institut.

Le secrétaire de l'Institut est chargé de notifier à chacun des correspondants l'arrêté ci-dessus.

Séance générale du 3 pluviôse an XII (24 janvier 1804).

———

M. Cuvier lit le projet d'arrêté suivant relatif aux correspondants :

La classe voulant donner à l'élection de ses correspondants l'intérêt qu'elle mérite à tant de titres;

Considérant que le moyen le plus sûr de faire de bons choix est de n'avoir à comparer que des mérites du même genre;

Considérant en outre que les divers genres de sciences dont elle s'occupe n'ont pas besoin d'un nombre égal de correspondants;

Voulant enfin fixer d'une manière plus précise les rapports de ses correspondants avec elle,

Arrête ce qui suit :

1° Les 96 correspondants actuels de la classe sont répartis entre les sections de la manière suivante :

Section de Géométrie......................	7
— de Mécanique......................	4
— d'Astronomie......................	16
— de Physique..........	11

2° Ces nombres, donnés par la nature des sciences dans lesquelles ces correspondants se sont le plus distingués, n'étant point entièrement conformes aux besoins de chaque section, l'on tendra dans les élec-tions futures à obtenir les nombres suivants :

Géométrie.............................. 6
Mécanique....................... 6
Astronomie........................... 16
Physique générale........ 6
Géographie et Navigation 8
Chimie.................................. 12
Minéralogie............................. 8
Botanique 10
Agriculture............................ 10
Anatomie et Zoologie.................... 10
Médecine.......... 8
                                        ———
                                        100

Pour arriver à ce but, les 5 places vacantes et celles qui viendront à vaquer seront données sur des pré-sentations faites à tour de rôle, et une à une, par les sections qui ont aujourd'hui un nombre inférieur à leur contingent, en commençant par celle de Méca-nique.

A mesure que ces sections auront atteint le nombre qui leur est accordé, elles cesseront de prendre leur tour de présentation.

Lorsqu'elles l'auront toutes atteint, chaque corres-pondant sera remplacé par un savant distingué dans le même genre de travaux, et sur la présentation de la section à laquelle il est attaché.

Les présentations seront au moins de trois sujets et au plus de cinq.

Le quart au moins des correspondants de chaque section sera pris parmi les Français.

Il sera fait chaque année, à la première séance du mois de novembre, une lecture de la liste des correspondants, afin de constater les places vacantes par mort ou par séjour à Paris, ou par élection au nombre des membres.

On pourra à cette époque omettre de la liste les correspondants qui, n'ayant publié aucun ouvrage, n'auraient point non plus communiqué à la classe d'observations utiles aux Sciences; il faudra pour cela les deux tiers de membres présents.

On discute ce projet d'arrêté article par article.

Ils sont tous adoptés.

Séance du 6 juin 1808.

Les correspondants seront élus par un scrutin individuel; et, dans le cas où le premier tour de scrutin ne donnera pas de majorité absolue, on procédera à un second tour, où il suffira de la majorité relative. Les correspondants pourront être choisis parmi les savants nationaux et étrangers.

Art. X du règlement intérieur du 15 avril 1816.

Les sections de Physique et de Chimie, dont la première n'a en ce moment que six correspondants, tandis que la deuxième en a douze, proposent de répartir ce nombre de manière qu'il y en ait neuf attachés à chaque section.

Cette proposition est adoptée; à cet effet, il est arrêté que sur deux vacances qui arriveraient parmi les correspondants actuels de la section de Chimie, il en sera rempli par la section de Physique, jusqu'à ce que cette section ait le nombre qui lui est accordé.

Séance du 22 décembre 1828.

Les correspondants qui demanderont les *Comptes rendus* les recevront à titre gratuit.

Séance du 9 décembre 1861, Commission administrative.

L'Académie décide que les listes de présentation pour les candidats aux places de correspondants ou d'associés étrangers resteront inscrites au procès-verbal du Comité secret et qu'elles ne seront ni lues en séance publique, ni publiées au compte rendu, ni même mentionnées dans les lettres de convocation.

Comité secret du 19 février 1872.

Un membre propose à l'Académie de décider qu'à l'avenir, et tout en maintenant le principe admis par le vote du 19 février dernier, on fera connaître par la voie des journaux les noms des candidats régnicoles compris dans les listes de présentation, sans en faire mention dans les *Comptes rendus*.

L'Académie adopte cette proposition.

Comité secret du 29 avril 1872.

Séances levées ou retardées.

Aujourd'hui lundi 13 septembre 1824, la maladie du Roi ayant pris un caractère de gravité qui excite les plus vives inquiétudes, le Président, après en avoir conféré avec les académiciens qui s'étaient déjà réunis, a déclaré que, voulant interpréter les sentiments de l'Assemblée, il proposait de ne point tenir séance ce même jour.

En conséquence, la séance ordinaire du lundi n'a pas eu lieu.

Séance du 13 septembre 1824.

L'entrée solennelle du Roi dans la capitale devant avoir lieu lundi prochain, l'Académie ajourne sa séance hebdomadaire au mercredi suivant 8 juin.

La séance ouvrira à 2 heures. Des lettres de convocation seront adressées à tous les membres.

Séance du 30 mai 1825.

L'Académie réunie à l'heure accoutumée, au lieu de ses séances, ayant eu la douleur d'apprendre la perte qu'elle venait de faire d'un des plus illustres de ses membres, en la personne de M. le marquis de

Laplace, les regrets que cette perte a fait éprouver à tous ses membres ont empêché la séance d'avoir lieu.

Séance du lundi 5 mars 1827.

———————

A cause de l'anniversaire des journées de juillet 1830, la séance du lundi 28 juillet 1834 est reportée au mercredi 30.

———————

La séance étant ouverte, M. le Secrétaire perpétuel annonce la mort de M. Arago.

L'Académie se lève aussitôt en silence et se retire pénétrée d'affliction.

Le compte rendu est remplacé par le discours prononcé aux funérailles de M. Arago par M. Flourens.

Voir Comptes rendus, t. XXXVII, p. 512. Séance du lundi 3 octobre 1853.

———————

L'Académie décide que, vu la coïncidence de la séance publique annuelle de l'Institut, qui, cette année, doit avoir lieu lundi prochain, à 2 heures, elle ne commencera sa propre séance qu'à 4 heures.

Comité secret du 3 août 1857.

———————

M. le Président consulte l'Académie pour savoir si la séance particulière du lundi 15 août doit être remise au lendemain mardi 16.

Cette proposition est adoptée.

Comité secret du 1er août 1859.

L'Académie ayant appris le décès de M. Biot, arrivé le matin même, décide qu'elle ne tiendra pas séance.

Voir *Comptes rendus,* t. LIV, p. 229. Séance du lundi 3 février 1862.

M. Bertrand annonce à l'Académie le décès de M. Élie de Beaumont.

La séance est levée immédiatement.

Le compte rendu est remplacé par les discours prononcés sur la tombe de M. Élie de Beaumont.

Voir *Comptes rendus,* t. LXXIX, p. 709. Séance du lundi 28 septembre 1874.

Depuis 1874, sans que l'Académie ait eu à intervenir par un vote, ses séances sont levées en signe de deuil lorsque, le décès de l'un des membres ayant été notifié, les funérailles n'ont pas encore eu lieu.

Dans ce cas, les discours prononcés par les membres de l'Institut, soit au nom de la Compagnie, soit au nom d'autres établissements publics, sont insérés aux *Comptes rendus.*

Une exception a été faite lors des funérailles de M. Dumas, pour le discours prononcé par M. Melsens au nom de l'Académie de Bruxelles.

Disposition des fonds de l'Académie.

Art. 3.

Chaque Académie aura son régime indépendant et la libre disposition des fonds qui lui sont ou lui seront spécialement affectés.

Ordonnance royale du 21 mars 1816.

Commission administrative.

Le Corps législatif fixera tous les ans, sur l'état fourni par le Directoire exécutif, une somme pour l'entretien et les travaux de l'Institut national des Sciences et des Arts.

Art. VIII de la Loi du 3 brumaire an IV (25 octobre 1795).

ART. XXXI. — Chaque classe nommera deux membres qui seront dépositaires de ses fonds et chargés, de concert avec le bureau, d'en faire la distribution, de surveiller l'impression des mémoires et toutes les dépenses de la classe.

ART. XXXII. — Ces membres seront renouvelés tous les ans, savoir : le plus ancien, dans la première séance de chaque semestre. Ils seront élus au scrutin et à la pluralité absolue. La première fois, la classe en nommera deux, dont un sortira six mois après par la voie du sort.

ART. XXXIII. — La commission formée des six membres dépositaires des fonds de chaque classe sera dépositaire des fonds de l'Institut et chargée d'en faire et d'en surveiller l'emploi : elle en rendra compte tous les ans à l'Institut.

Loi du 15 germinal an IV (4 avril 1796).

L'Assemblée arrête que les commissaires des fonds rembourseront aux membres de la classe les frais des expériences qu'elle a pu ou pourra les charger de faire.

Séance du 6 thermidor an IV (24 juillet 1795).

———

Sur la motion d'un membre, l'Institut arrête que la Commission des fonds présentera à l'Assemblée générale du 5 thermidor de chaque année l'état des dépenses pour l'année suivante.

Séance générale du 5 thermidor an V (23 juillet 1797).

———

Le cit. Cels lit deux mémoires, l'un sur la fixation des fonds de l'Institut pour l'an VI et l'autre sur les dépenses de l'an VI relatives à la section d'Économie rurale et d'Art vétérinaire.

La classe arrête que chaque section s'occupera de l'état des dépenses qu'elle croira nécessaires à ses travaux pendant le cours de l'année prochaine, et que les commissaires de toutes les sections se réuniront le 21 pour rédiger un état général.

Séance du 16 thermidor an V (3 août 1797).

———

Le cit. Vauquelin lit un mémoire sur une nouvelle substance métallique contenue dans le plomb rouge de Sibérie.

La classe arrête à l'occasion de ce mémoire que le cit. Vauquelin sera remboursé des dépenses que ses expériences lui ont occasionnées, et que le cit. Darcet

sera également remboursé de celles qu'il a faites
pour des expériences de chimie relatives à la découverte de la C^{ne} Pallouy.

Séance du 21 vendémiaire an VI (12 octobre 1797).

Un membre propose de généraliser un arrêté pris
dans la séance précédente pour le remboursement des
sommes dépensées par les cit. Darcet et Vauquelin en
expériences de chimie et de l'appliquer à l'avenir à
tous les cas semblables.

Sa proposition est adoptée.

Séance du 26 vendémiaire an VI (17 octobre 1797).

Le cit. Laplace lit le rapport suivant au nom de la
Commission des fonds :

La Commission des fonds nous a remis l'état ci-joint
de sa recette et de ses dépenses depuis le 1er thermidor
an IV de l'ère républicaine, époque à laquelle le gouvernement a commencé à faire des fonds pour l'Institut
jusqu'au 1er vendémiaire an VI......

Séance générale du 5 pluviôse an VI (24 janvier 1798).

Il y aura pour l'Institut une commission administrative, composée de cinq membres, deux de la première classe et un de chacune des trois autres, nommés par leurs classes respectives.

Cette commission fera régler, dans les séances générales prescrites par l'article IX, tout ce qui est relatif
à l'administration, aux dépenses générales de l'Institut

et à la répartition des fonds entre les quatre classes.

Chaque classe réglera ensuite l'emploi des fonds qui lui auront été assignés pour ses dépenses, ainsi que ce qui concerne l'impression et la publication de ses mémoires.

Art. XII de l'Arrêté du 3 pluviôse an XI (23 janvier 1803).

———

A l'avenir, le commissaire nommé en janvier 1807 sera remplacé en janvier 1809, janvier 1811 et ainsi de suite.

Celui qui sera nommé en juillet 1808 sera remplacé en juillet 1810, juillet 1812 et ainsi de suite.

Séance du 4 août 1806.

RÈGLEMENT relatif à la commission administrative de l'Institut.

ARTICLE Ier. — Dans le courant du mois de juillet prochain 1806, la commission administrative sera re-composée par une élection nouvelle de commissaires qui aura lieu dans toutes les classes.

ART. II. — Pour cette fois seulement, les membres composant la commission administrative actuelle pourront être réélus par leurs classes respectives.

ART. III. — Les membres qui seront nommés dans cette prochaine élection, et ceux qui le seront dans les suivantes par chaque classe, auront deux ans d'exercice, sauf la modification indiquée à l'art. 6.

Art. IV. — A l'avenir, aucune des classes ne pourra réélire qu'après un intervalle de deux ans le même commissaire. S'il vient à vaquer une place de commissaire, par mort ou autrement, la classe renommera immédiatement un membre pour le temps qui restera à courir.

Art. V. — La sortie des membres qui seront nommés à la prochaine élection générale de toutes les classes sera déterminée, dans le premier mois de leur réunion, par le sort consulté de la manière suivante :

Art. VI. — Les deux commissaires de la classe des Sciences physiques et mathématiques tireront entre eux : le premier désigné par le sort cessera ses fonctions en janvier 1807, et le second en juillet 1808. Les commissaires des trois autres classes tireront ensemble, et l'ordre de leur désignation par le sort sera celui de leur remplacement de 6 mois en 6 mois à partir du 1er juillet 1807, jusqu'au 1er juillet 1808 inclusivement.

Art. VII. — Dès que le sort aura fait connaître les époques de la sortie des commissaires des différentes classes, et par suite les époques de l'élection à faire dorénavant par chacune d'elles, la Commission administrative, en vertu et en conformité de cet arrêté, rédigera, pour chaque classe, un nouvel article de règlement relatif à la nomination des membres de ladite Commission en remplacement des articles des règlements actuels qui demeurent abrogés, et elle fera imprimer ce nouvel article dans chacun des règlements intérieurs de chacune des classes.

ART. VIII. — Le présent règlement sera présenté à l'approbation du gouvernement.

Approuvé au palais de Saint-Cloud le 11 juin 1810.

Signé : NAPOLÉON.

Extrait des minutes de la secrétairerie d'État.

La Commission administrative consulte l'Institut sur la question de savoir si, lorsque les Bureaux sont convoqués pour une réunion ou députation quelconque, la Commission est censée convoquée avec eux.

L'Institut va au scrutin sur cette question.

Sur 76 votants, 31 sont pour l'affirmative, 32 pour la négative, 5 nuls.

La négative est décidée.

Séance générale du 8 janvier 1811.

ART. V. — Les propriétés communes aux quatre Académies et les fonds y affectés seront régis et administrés, sous l'autorité de notre Ministre secrétaire d'État au département de l'Intérieur, par une commission de huit membres, dont deux seront pris dans chaque Académie.

Ces commissaires seront élus chacun pour un an, et seront toujours rééligibles.

ART. VI. — Les propriétés et fonds particuliers de chaque Académie seront régis en son nom par

les bureaux ou commissions institués ou à instituer,
et dans les formalités établies par les règlements.

Ordonnance royale du 21 mars 1816.

L'Académie nommera par scrutin dans sa seconde
séance de janvier, et à la majorité absolue, un membre
de la Commission administrative, qui sera pris dans
les sections mathématiques, et qui aura un an d'exercice.

Elle nommera, dans la première séance de juillet,
un autre membre de la même commission pris dans
les sections physiques, dont la durée d'exercice sera
la même.

Art. II du Règlement intérieur du 15 avril 1816.

L'Académie nommera par scrutin dans sa première
séance de janvier, et à la majorité absolue, deux
membres de la Commission administrative, qui seront
pris l'un dans les sections mathématiques et l'autre
dans les sections physiques, et qui auront un an
d'exercice.

Cette modification a été introduite dans le Règlement de 1816, à partir du 1er janvier 1842 et sans
qu'aucune décision à ce sujet ait été insérée aux
Registres.

Art. II du Règlement intérieur, réimprimé.

Le président, le vice-président, les deux secrétaires
perpétuels et les deux membres de la Commission

administrative formeront un comité chargé de l'emploi des fonds de l'Académie, de l'impression de ses ouvrages et de la tenue de ses séances publiques.

Art. III du Règlement intérieur du 15 avril 1816.

8

Comités secrets.

M. Chevreul développe les deux propositions suivantes :

Première proposition. — La déclaration d'une section de l'Académie, relative à la question de savoir s'il y a lieu ou non de nommer à une place vacante, sera faite en Comité secret.

Seconde proposition. — Toute lettre adressée par le Gouvernement et qui, au jugement du bureau, pourrait donner lieu à des discussions, sera lue en Comité secret.

Ces deux propositions sont adoptées.

Comité secret du 6 juillet 1840.

M. Flourens désirerait que, dans les cas où l'Académie est appelée à discuter une liste de candidats, le Comité secret commençât à $3^h 30^m$, immédiatement après la lecture de la correspondance.

M. de Blainville rappelle qu'il a proposé, il y a déjà longtemps, que le Comité secret, dans les cas dont il s'agit, commençât à 4^h, et il ajoute que l'Académie a adopté cette proposition.

Sur cette observation, M. Flourens retire la proposition qu'il vient de faire, et il reste entendu que, toutes les fois que le Comité secret devra être employé à l'examen d'une présentation de candidats, il s'ouvrira à 4^h.

Comité secret du 31 octobre 1842.

Un membre demande que l'ouverture de la séance en Comité secret soit fixée dorénavant à 3^{h}3o^m lorsque l'Académie sera appelée à discuter le titre des candidats présentés pour une place d'académicien.

L'Académie, consultée, décide par la voie du scrutin, à la majorité de 22 voix contre 21, 'qu'aucune heure ne sera fixée à l'avance, d'une manière générale, pour l'ouverture du Comité secret.

Comité secret du 17 février 1868.

Annuaire de l'Institut.

La première classe propose de faire imprimer et distribuer à tous les membres et associés les articles de l'acte constitutionnel et de la loi du 3 brumaire sur l'Instruction publique, relatifs à l'Institut, la loi du 15 germinal qui concerne les règlements et la liste de tous les membres et de tous les associés qui le composent.

Cette proposition est adoptée.

Séance générale du 5 floréal an IV (24 avril 1798).

M. Dupin réclame contre la suppression des mots « Art vétérinaire » dans le titre de la section d'Économie rurale.

M. Chevreul fait observer que le sous-titre « et *Art vétérinaire* » qui figure encore dans l'almanach de 1815 a disparu dans l'ordonnance du Roi du 21 mars 1816.

Les mots « et Art vétérinaire » se trouvent dans le tableau de division en sections (titre IV, art. 3) de la loi d'organisation du 3 brumaire an IV (25 octobre 1795).

Comité secret du 24 février 1868.

Création d'un registre-copie de lettres.

Sur la proposition d'un membre, l'Institut arrête qu'on copiera sur un registre particulier toutes les lettres écrites par le Président ou les Secrétaires et en général tous les actes émanés du Bureau de l'Institut.

Séance générale du 5 pluviôse an VI (24 janvier 1798).

Attributions et prérogatives.

Présentations à diverses chaires.

On lit une lettre par laquelle le Ministre de l'Intérieur adresse à l'Institut une pétition de la citoyenne Polony relative à un procédé pour teindre en rose. D'après le désir de la citoyenne Polony, le Ministre invite l'Institut à nommer commissaires, pour rendre compte de ce procédé, les citoyens Berthollet et Pelletier.

La classe nomme commissaires, pour cet objet, les citoyens Darcet et Pelletier et charge l'un de ses secrétaires d'écrire au Ministre que la confiance de la majorité de l'Institut ou de ses classes devant seule déterminer le choix de leurs commissaires, il ne doit jamais y avoir aucune espèce d'initiative ou d'invitation adressée à cet égard à l'Institut ou à ses classes.

Séance du 26 floréal an IV (15 mai 1796).

On lit une lettre par laquelle le Ministre de l'Intérieur invite l'Institut national, au nom du Jury central d'Instruction du département du Calvados, à nommer des commissaires pour examiner les ouvrages de deux concurrents pour la place de professeur d'Histoire naturelle dans l'École centrale du même département, et à prononcer ensuite sur le mérite respectif de ces deux candidats.

La classe à qui cette lettre a été renvoyée arrête qu'il sera répondu au Ministre que la nature des fonctions de l'Institut national ne lui permet pas de décider entre deux aspirants à une place à laquelle la loi ne le charge pas de nommer.

Séance du cinquième jour complémentaire an IV
(21 septembre 1796).

Sur la proposition d'un membre, l'Assemblée arrête que la Commission des fonds écrira au Ministre de l'Intérieur pour l'inviter à prendre les mesures nécessaires pour que les places destinées aux membres de l'Institut, dans les cérémonies et fêtes publiques, leur soient toujours réservées, et ne soient point occupées à l'avance par d'autres citoyens.

Séance générale du 5 fructidor an VI (22 août 1798).

Les Écoles spéciales qui existent seront maintenues... Quand il y vaquera une place de professeur, ainsi que dans l'École de droit qui sera établie à Paris, il y sera nommé, par le premier Consul, entre trois candidats qui seront présentés, le premier par une des classes de l'Institut national, le second par les inspecteurs généraux des études et le troisième par les professeurs de l'école où la place sera vacante.

Art. XXIV de la Loi du 11 floréal an X (1er mai 1802).

La classe va au scrutin pour nommer les commissaires demandés par la lettre du Ministre de l'Intérieur pour coopérer, avec MM. les Inspecteurs généraux et le Directeur de l'École, à adjuger les prix aux élèves des Ponts et Chaussées. (Décret impérial du 17 fructidor an XII.)

MM. Monge, Coulomb et Carnot sont élus commissaires.

Séance du 7 avril 1806.

La *Section de Physique* présente une liste de six candidats pour la *chaire de Physique,* vacante à *l'École Polytechnique.*

Comité secret du 28 février 1831.

La *Section de Géométrie* présente une liste de trois candidats pour la *chaire d'Analyse et de Mécanique, vacante à l'École Polytechnique.*

Comité secret du 28 février 1831.

Le Ministre de l'Instruction publique invite l'Académie à nommer quatre de ses membres, pris dans les sections d'Histoire naturelle, pour participer au jugement des concours de la chaire d'Histoire naturelle médicale vacante à la Faculté de Médecine, qui doit s'ouvrir le 4 avril prochain.

D'après diverses observations présentées par un

membre, l'Académie arrête que cet objet sera discuté
en Comité secret.

Séance du 7 mars 1831.

Après une discussion approfondie au sujet du mode
d'intervention qu'un règlement universitaire attribue
à l'Académie dans le choix de certains professeurs de
l'École de Médecine, on arrête que la lettre suivante
sera adressée à M. le Ministre de l'Instruction publique.

. . . .

L'Académie refuse.

Comité secret du 14 mars 1831.

M. Arago, l'un des trois membres nommés par
l'Académie pour faire partie, cette année, du Conseil
de perfectionnement de l'École Polytechnique, communique une lettre qui lui a été adressée, en cette
qualité, par M. le Ministre de la Guerre, et de laquelle
il semblerait résulter que les nominations des membres désignés par l'Académie pour faire partie du
Conseil de perfectionnement de l'École Polytechnique ne sont pas définitives.

MM. Thenard et Poinsot, les deux autres commissaires nommés par l'Académie, font connaître qu'une
pareille erreur de rédaction s'est trouvée dans les
lettres qui leur ont été adressées.

L'Académie charge MM. les secrétaires perpétuels
de signaler l'erreur dont il s'agit à M. le Ministre de
la Guerre.

Comité secret du 12 novembre 1838.

Il est donné lecture d'une lettre de M. le Ministre de l'Instruction publique, concernant l'ordonnance royale du 27 septembre dernier, qui transfère à la Faculté de Médecine la présentation pour les places de Professeur à l'École de Pharmacie.

Dans cette lettre, M. le Ministre invite l'Académie à vouloir bien ajourner toute décision sur la question dont il s'agit, jusqu'à ce que quelques-uns de ses membres, autorisés par elle à cet effet, aient pu en conférer avec lui.

Dans la séance du 26 octobre 1840, le Président rend compte de la conférence qu'il a eue avec le Ministre.

Le 16 novembre suivant, le Ministre transmet un Rapport, approuvé par le Roi, et à la suite duquel la nomination des professeurs dans les Écoles de Pharmacie continueront d'avoir lieu dans les formes établies par l'article XIII de l'arrêté du 13 août 1803.

Comité secret du 19 octobre 1840.

Discussion relative aux nominations aux chaires de professeurs à l'École de Pharmacie.

Maintien de l'arrêté du 13 août 1803 qui donne à l'Académie le droit de présenter des candidats à ces places.

Comité secret du 16 novembre 1840.

Au nom des sections réunies de Géométrie et de Mécanique, M. Poinsot présente une liste de candidats pour la place d'*examinateur permanent* d'Analyse et de Mécanique, vacante à l'École Polytechnique.

La commission propose de ne désigner qu'un seul

candidat, conformément à l'usage suivi par l'Académie dans les autres présentations.

Après une discussion qui s'élève sur cette proposition, elle est adoptée.

Vu l'*urgence,* on procède immédiatement à l'élection.

Comité secret du 30 juillet 1844.

La *section de Botanique* présente un unique candidat pour la chaire de Botanique, vacante à l'*École supérieure de Pharmacie de Paris.*

Comité secret du 8 mai 1848.

M. A. de Saint-Hilaire, au nom de la *section de Botanique et de la section d'Économie rurale,* présente M. N. comme candidat à la *chaire de Culture,* vacante au *Muséum d'Histoire naturelle* par suite de la démission de M. de Mirbel.

Comité secret du 1er avril 1850.

La *section de Chimie* présente une liste de candidats à la *chaire de Chimie générale, vacante au Muséum d'Histoire naturelle.*

Comité secret du 17 juin 1850.

M. Biot, au nom de la *section de Géométrie,* présente deux candidats pour la *chaire de Mathématiques, vacante au Collège de France.*

Comité secret du 23 décembre 1850.

La *section de Chimie* présente une liste de candidats à la *chaire de Chimie, vacante au Collège de France* par suite de la démission de M. Pelouze.

Comité secret du 6 janvier 1851.

En cas de vacance d'une chaire au Collège de France, au Muséum d'Histoire naturelle, à l'École des Langues orientales vivantes, ou d'une place au Bureau des Longitudes, à l'Observatoire de Paris ou de Marseille, les professeurs ou membres de ces établissements présentent deux candidats ; la classe correspondante de l'Institut en présente également deux. Le Ministre peut, en outre, proposer au choix du Président de la République un candidat désigné par ses travaux.

Art. Ier du décret du 9 mars 1852.

La *section de Physique* présente une liste de candidats pour la place de *Professeur de Physique appliquée,* vacante au *Conservatoire des Arts et Métiers.*

Comité secret du 29 novembre 1852.

M. Duméril, doyen de la *section d'Anatomie et Zoologie* présente, au nom de cette section, une liste de candidats pour la *chaire d'Anthropologie, vacante au Muséum.*

Comité secret du 30 juillet 1855.

Par arrêté du Ministre du Commerce en date du 9 octobre 1883, communiqué dans la séance du 10 décembre suivant, l'Académie des Sciences a été chargée de présenter des listes de candidats aux places vacantes parmi les professeurs du Conservatoire des Arts et Métiers.

Publication des actes de l'Académie au Moniteur.

La classe arrête qu'elle accepte l'offre qui lui est faite par le Secrétaire d'État, et que toutes les fois qu'elle aura quelque chose d'intéressant à publier, sur-le-champ, elle l'enverra au *Moniteur* par les secrétaires.

Le Bureau répondra au cit. Marey en lui adressant copie du présent arrêté.

Séance du 6 ventôse an VIII (25 février 1800).

Prix.

L'Institut publiera tous les ans, à une époque fixe, les programmes des prix que chaque classe devra distribuer.

Art. VII de la loi du 3 brumaire an IV (25 octobre 1795).

L'Institut national, dans ses séances publiques, distribuera chaque année plusieurs prix.

Art. X de la loi du 3 brumaire an IV (25 octobre 1795).

L'Institut national proposera six prix tous les ans. Chaque classe indiquera les sujets de deux de ces prix, qu'elle adjugera seule. Les prix seront distribués par l'Institut dans les séances publiques.

Art. XXVIII de la loi du 15 germinal an IV (4 avril 1796).

Tous les ans, les classes distribueront des prix, dont le nombre et la valeur sont réglés ainsi qu'il suit :
La première classe, un prix de trois mille francs ;
La seconde et la troisième classe, chacune un prix de quinze cents francs ;
Et la quatrième classe, des grands prix de peinture, de sculpture, d'architecture et de composition musi-

cale. Ceux qui auront remporté un de ces quatre grands prix seront envoyés à Rome et entretenus aux frais du Gouvernement.

Art. XIII de l'arrêté du 3 pluviôse an XI (23 janvier 1803).

Les donations ou legs faits à l'Institut sont exempts de tous frais envers le Trésor et enregistrés gratis (art. 70, § 2, n° 1. Loi du 22 frimaire an VII).

Décision ministérielle du 11 juin 1823.

Lettre adressée à M. le Directeur général de l'enregistrement et des domaines, par M. le Ministre des Finances, en date du 12 mars 1865.

Conditions à remplir par les concurrents aux grands prix des Sciences mathématiques et des Sciences physiques ou naturelles (Prix du Budget).

On ne mettra pas son nom à son manuscrit, mais seulement une sentence ou devise. On pourra, si l'on veut, y attacher un billet séparé et cacheté qui renfermera, outre la sentence ou devise, le nom et l'adresse de l'aspirant; ce billet ne sera ouvert par l'Institut que dans le cas où la pièce aurait remporté le prix.

Extrait du premier programme publié par l'Institut national, en l'an IV.

Ces conditions sont encore en usage; elles ont été étendues au concours des prix Bordin, sans qu'aucune décision ait été prise à cet égard.

Depuis quelques années, l'Académie se réserve d'autoriser les concurrents à signer leurs Mémoires, suivant la nature de la question qu'elle propose. Il n'existe aucun règlement à ce sujet.

Les concurrents sont avertis que l'Institut ne peut rendre ni les Mémoires, ni les dessins, ni les machines qui auront été soumis aux concours ; mais les auteurs seront toujours les maîtres de faire copier les Mémoires, les dessins et de retirer les modèles de machines en remettant des dessins conformes.

(Extrait du programme publié par l'Institut national, en l'an XI.)

Ces conditions n'ont pas été modifiées. Depuis longtemps, cependant, l'Académie, sur la demande écrite des auteurs, autorise la restitution des dessins originaux.

Dans les programmes publiés actuellement, les conditions imposées aux concurrents sont formulées de la manière suivante :

Les concurrents, pour tous les prix, sont prévenus que l'Académie ne rendra aucun des ouvrages envoyés aux concours ; les auteurs auront la liberté d'en faire prendre des copies au Secrétariat de l'Institut.

POUVOIRS DES COMMISSIONS DE PRIX.

Il s'élève une question relative à l'étendue des pouvoirs que la classe confère aux commissaires

9

qu'elle nomme pour l'examen des pièces qui concourent.

La classe arrête qu'elle donne à ces Commissaires le pouvoir de porter un jugement définitif sur ces pièces, et qu'ils lisent leur jugement à la classe.

Extrait du procès-verbal de la séance du 11 germinal an VII (31 mars 1799).

La Commission chargée par la classe de donner son avis sur les demandes faites par les auteurs qui ont concouru pour le prix des machines propres à secourir les incendiés, de leurs Mémoires, dessins et modèles, pense que ces divers objets étant la propriété des auteurs, vu qu'ils n'étaient pas assujettis par le programme à laisser aucune description de leurs machines, on doit les leur rendre purement et simplement, en retirant les récépissés qui auront été donnés.

La Commission est encore d'avis que la classe doit déclarer par la voie des papiers publics qu'elle ne peut plus garantir les ouvrages sortis de ses mains, ni rien certifier de leur contenu.

Séance du 6 floréal an VII (25 avril 1799).

La classe adopte ce Rapport et décide qu'à l'avenir on fera insérer dans le programme du prix que les Mémoires et les modèles de machines ne seront plus rendus à leurs auteurs, à moins qu'ils ne donnent des copies des Mémoires et dessins.

Après une courte discussion pour savoir si le jugement d'un prix appartient aux Commissaires, le sentiment général est pour l'affirmative; mais sur l'observation d'un membre que la chose est ainsi décidée depuis longtemps et l'arrêté consigné dans un procès-verbal, on passe à la correspondance

Séance du 16 germinal an VIII (6 avril 1800).

On met aux voix la question de savoir si les Commissaires chargés d'examiner les pièces d'un prix doivent ou non exposer les motifs de leur jugement. Elle est décidée par la négative.

Séance du 24 prairial an XI (13 juin 1803).

M. X. réclame contre le jugement porté par la Commission qui a décerné le prix de Chimie.
L'Académie, considérant que les Commissions choisies pour décerner les prix en sont juges en dernier ressort, arrête que la lettre de M. X. ne continuera pas d'être lue.

Séance du 26 mars 1821.

MINISTÈRE DE L'INSTRUCTION PUBLIQUE.

Paris, le 5 janvier 1885.

Monsieur,

J'ai consulté M. le Ministre des Finances sur les moyens qu'il y aurait d'assurer à l'Institut la libre disposition des 6000^{fr} alloués chaque année, pour les prix qu'il met au concours.

J'ai l'honneur de vous communiquer la réponse
que j'ai reçue à ce sujet. Veuillez la mettre sous les
yeux de la commission et me faire connaître la détermination à laquelle aura donné lieu le mode proposé
par M. le Ministre des Finances.

Agréez, etc.

Signé : GUIZOT.

A M. Huzard, Président de la Commission administrative de l'Institut.

Copie d'une lettre adressée à M. le Ministre de l'In-
struction publique par M. le Ministre des Finances,
relativement à la somme de 6000^{fr} allouée chaque
année à l'Institut, pour les prix qu'il met au concours.

Paris, le 22 décembre 1832.

Monsieur et cher Collègue,

Par la lettre que vous m'avez fait l'honneur de
m'écrire le 21 novembre dernier, vous m'entretenez
de mesures dont la Commission administrative de
l'Institut réclame l'adoption afin de conserver la disposition, dans le cas où l'emploi n'en a pas lieu dans
le cours de l'exercice, de la somme de 6000^{fr} allouée
chaque année à cet établissement scientifique, pour
les prix qu'il met au concours.

Il résulterait des explications dans lesquelles vous
entrez à ce sujet que l'application rigoureuse à cette
partie des dépenses de l'Institut des règles de comp-
tabilité, qui prescrivent l'annulation en fin d'exercice
de tout crédit non employé, ferait naître des difficultés réelles et pourrait même exposer l'Institut à

manquer à des engagements pris à l'avance envers le public. Vous pensez, en conséquence, que l'Administration doit aviser au moyen d'obvier à ces inconvénients et, à cet effet, vous appuyez les mesures suivantes, proposées par le Comité d'administration, savoir :

Que la susdite somme de 6000ᶠʳ serait avancée chaque année aux Académies, sur la quittance des secrétaires perpétuels, et tenue en réserve à la Caisse des dépôts et consignations, pour être employée ultérieurement au payement des prix décernés.

Ou bien, dans le cas où les règles existantes s'opposeraient à l'adoption de cette mesure, que les crédits non employés seraient reportés sur les années suivantes, pour servir également aux prix dont l'acquittement devrait avoir lieu.

Le premier moyen que vous indiquez, Monsieur et cher Collègue, est en opposition formelle avec les principes posés par l'ordonnance du 14 septembre 1822, et il ne saurait dès lors être adopté. Quant à l'accumulation au budget d'un même exercice des crédits non employés d'une ou de plusieurs années, ce second moyen, bien que moins irrégulier en apparence, pourrait n'être pas sans inconvénients et donner lieu de la part des Chambres à des observations fondées. Il est d'ailleurs une marche à la fois plus simple et plus sûre, qui ne s'écarte pas des règles établies et qui me paraît conséquemment devoir être suivie de préférence : ce serait d'abord de comprendre, autant que possible, dans le crédit annuel le montant des prix que l'on présumera pouvoir être distribués dans le cours même de l'année.

De cette manière, si la distribution a lieu comme on l'avait prévu, le payement des prix ne pourra éprouver aucune difficulté. Si, au contraire, il arrivait qu'à défaut de concurrents qui en eussent été jugés dignes, ou que, par tout autre motif, la distribution d'un ou de plusieurs prix se trouvait ajournée à une autre année, la dépense n'en devrait pas moins être maintenue *comme droit constaté* à la charge du budget de l'exercice. Elle figurerait alors dans le compte de cet exercice, comme restant à payer, et le crédit correspondant serait annulé ; mais il vous serait toujours loisible, si la nécessité s'en faisait sentir, de solliciter une ordonnance royale, qui autoriserait la réimputation de la dépense sur les fonds du budget de l'exercice suivant. A la vérité, ce dernier budget, dans lequel on n'aurait prévu que les prix ordinaires à payer dans l'année courante, présenterait un excédent de dépense égal à la réimputation ordonnée, et il y aurait lieu de réclamer, lors du règlement définitif de l'exercice, un crédit complémentaire ; mais ce crédit serait accordé avec d'autant moins de difficultés que la demande s'en trouverait régulièrement justifiée par l'annulation d'une somme égale qui aurait été prononcée sur les crédits de l'exercice clos.

Telle est, Monsieur et cher Collègue, la seule marche qui me paraisse de nature à prévenir toute nouvelle difficulté de la nature de celles que vous me signalez. Je vous prierai, en conséquence, de vouloir bien donner des explications dans ce sens au comité d'administration de l'Institut.

Agréez, Monsieur et cher Collègue, etc.

Signé : Humann.

MINISTÈRE DE L'INSTRUCTION PUBLIQUE.

Division des Sciences et des Lettres. — Dispositions relatives aux sommes destinées aux prix de l'Institut. N° 2366.

Paris, le 5 février 1834.

Monsieur le Président,

Je n'ai point perdu de vue les diverses réclamations que la Commission centrale administrative de l'Institut royal de France m'a faites au sujet du payement des sommes qui sont allouées au budget de ce corps savant pour être employées en prix.

Je me suis entendu, pour cette affaire, avec M. le Ministre des Finances, et j'ai l'honneur de vous communiquer les dispositions qui ont été arrêtées entre nous.

Chacune des cinq Académies composant l'Institut royal de France devra considérer les fonds qui lui ont été alloués pour être distribués en prix et qui n'ont pas été employés comme restant encore en caisse et comme pouvant être appliqués ultérieurement à de nouveaux concours.

Les Académies auront soin de tenir exactement note de ces fonds.

Elles poursuivront les travaux qu'elles ont confiés aux commissions de prix, et, dès qu'elles auront jugé qu'il y a lieu de décerner un prix, elles devront se hâter de m'en avertir.

De mon côté, Monsieur le Président, je m'empresserai de prendre des mesures pour faire ordonnancer, à leur profit, les sommes nécessaires, mais toujours dans la limite des fonds alloués par les lois de finances et non employés antérieurement.

Telles sont les dispositions arrêtées. Je vous prie de vouloir bien les faire connaître à la Commission centrale administrative de l'Institut.

Agréez, etc.

Signé : GUIZOT.

A M. le Président de la Commission centrale administrative.

───────

L'Académie entend la lecture de plusieurs Rapports de prix, et, sur la demande d'un Membre, elle décide qu'on profitera de cette occasion pour rappeler qu'un Rapport n'est que l'expression des opinions des commissaires; que ces opinions, l'Académie n'entend pas les garantir, alors même qu'elle fait imprimer le Rapport; que ses décisions, enfin, portent exclusivement sur les conclusions.

Séance du 24 novembre 1834.

───────

M. le Président propose que les Rapports des commissions de prix soient faits désormais en Comité secret.

Cette proposition est développée par M. le Président. Plusieurs membres l'appuient.

Après une discussion approfondie, l'Académie l'adopte.

Comité secret du 28 octobre 1839.

───────

Les prix ordinaires, soit pour la Médecine et la Chirurgie, soit pour les Arts insalubres, ne dépasseront pas, à l'avenir, un maximum de 2500^{fr}, et il est bien entendu que ni le nombre de ces prix, ni celui des récompenses ou des encouragements ne seront point augmentés pour cela.

Comité secret du 17 novembre 1845.

CONVOCATION DES COMMISSIONS.

Sur la proposition d'un Membre, l'Académie décide que dorénavant le Bureau convoquera d'office les membres des diverses commissions de prix, dans la séance qui suivra celle de leur nomination.

Séance du 22 décembre 1856.

RÈGLEMENT DE LA COMMISSION DES PRIX MONTYON
(MÉDECINE ET CHIRURGIE).

L'Académie adopte les propositions suivantes, formulées par la commission des prix de Médecine et Chirurgie :

I. La Commission ne décerne que des prix et des mentions honorables.

II. Les prix à décerner chaque année ne peuvent dépasser le nombre de *trois*.

III. Il en est de même des *mentions honorables*.

IV. En outre, elle accorde, sans publicité, et après

décision par l'Académie, des *indemnités* pécuniaires pour la continuation de recherches qui peuvent concourir aux progrès ou au perfectionnement des sciences médicales.

V. Tous les travaux publiés en France ou à l'étranger, relatifs à la Médecine ou à la Chirurgie et aux *sciences afférentes* peuvent être admis au concours.

VI. Les ouvrages adressés par les auteurs doivent être déposés au Secrétariat avant le 1er juin.

Les ouvrages présentés au concours par les membres de la commission doivent être inscrits dans le mois qui suit la nomination de la commission.

Séance du 15 juin 1857.

_____

CONDITIONS IMPOSÉES AUX CONCURRENTS.

L'Académie juge nécessaire de faire remarquer à MM. les concurrents pour les prix relatifs à la Médecine et aux Arts insalubres :

1° Que ces prix ont expressément pour objet des *Découvertes* et *Inventions* propres à perfectionner la Médecine ou la Chirurgie, ou à rendre un art moins insalubre ;

2° Que les pièces adressées pour le concours n'ont droit aux prix qu'autant qu'elles contiennent une *découverte parfaitement déterminée* et une application bien constatée ;

3° Que l'auteur doit indiquer, par une analyse succincte, la partie de son travail où cette découverte se trouve exprimée ; et que, faute de cette indication, sa pièce n'est point admise. Cette analyse doit être en double copie.

MODE DE JUGEMENT DES CONCOURS LACAZE.

L'Académie décide que, pour ce qui concerne les trois prix fondés par M. *L. Lacaze,* les Concours seront jugés :

1° Le prix de Physique : par la section de Physique, à laquelle on adjoindra trois membres nommés au scrutin;

2° Le prix de Chimie : par la section de Chimie, à laquelle on adjoindra trois membres nommés au scrutin;

3° Le prix de Physiologie : par la section de Médecine et Chirurgie, à laquelle on adjoindra trois membres nommés au scrutin.

L'Académie sera appelée, pour ces trois concours, à se prononcer par un vote sur les conclusions des Rapports.

Séances des 21 juillet et 10 novembre 1873.

———

L'Académie décide que, lorsque les Commissions de prix Lacaze seront unanimes pour ne présenter à ses suffrages qu'un seul candidat et qu'aucun membre de l'Académie ne réclamera le vote au scrutin secret, il sera voté par assis et levé sur l'adoption des conclusions de leur Rapport.

Quand, au contraire, les Commissions seront divisées, il sera procédé au scrutin secret à un vote nominal qui déterminera le choix de l'Académie.

Séance du 6 décembre 1875.

———

L'ordre du jour appelle la discussion de la proposition suivante faite par M. H. Milne Edwards, relativement au mode de distribution des trois prix Lacaze :

Chacun des prix sera décerné par une Commission de neuf membres composée : 1° de trois membres nommés au scrutin; 2° des membres de la section correspondante, savoir :

La section de Physique pour le prix de Physique;

La section de Chimie pour le prix de Chimie;

La section de Médecine et Chirurgie pour le prix de Physiologie.

Cette proposition est adoptée.

Séance du 8 mai 1876.

CLOTURE DES CONCOURS. — NOMINATION DES COMMISSIONS.

L'Académie décide, par une mesure générale, que l'époque de la clôture des concours pour les prix qu'elle propose est fixée au 1er juin.

La nomination des commissions de prix est fixée au mois d'avril.

Séance du 23 janvier 1865.

Sur la proposition qui lui en est faite par M. le Président, l'Académie décide que les commissions de prix chargées d'examiner les pièces de concours de l'année 1872 recevront également celles de l'année 1873.

De nouvelles commissions seront élues seulement

pour les prix spéciaux portant sur des questions proposées.

Comité secret du 2 juin 1873.

M. N... demande que les Rapports de prix approuvés
depuis plusieurs mois, et non encore publiés, portent
la date du jour où l'Académie en a entendu la lecture. Cette disposition est rendue nécessaire par
les travaux considérables qui s'effectuent et qui font
qu'un Rapport lu depuis six mois peut être incomplet
lorsqu'il est imprimé plus tard.

Cette proposition est adoptée.

Les programmes porteront cette indication.

Séance du 23 novembre 1874.

Les commissions de prix de l'année 1875 devant
fonctionner dans un délai rapproché, M. le Président
propose d'en faire dresser une liste générale imprimée et divisée en cinq feuilles ; chacune de ces feuilles,
renfermant l'énoncé de cinq ou six Commissions,
serait disposée en forme de bulletin de vote et distribuée à chacun des membres de l'Académie, qui y
inscriraient les noms des commissaires sur lesquels
leur choix se serait porté.

Le dépouillement aurait lieu dans les formes ordinaires, et l'Académie terminerait ainsi en cinq ou six
séances la nomination des commissions de prix qui
sont à élire.

Cette proposition est adoptée.

Séance du 15 mars 1875.

AVIS RELATIF AU TITRE DE LAURÉAT.

L'Académie décide qu'elle insérera dorénavant dans le programme imprimé de ses concours l'avis suivant :

« Nul n'est autorisé à prendre le titre de LAURÉAT DU L'ACADÉMIE s'il n'a été jugé digne de recevoir un prix. Les personnes qui ont obtenu des *récompenses,* des *encouragements* ou des *mentions,* n'ont pas droit à ce titre. »

Séance du 9 avril 1877.

Ordre des lectures en séances ordinaires.

Il est décidé que désormais les séances s'ouvriront par la lecture des Rapports et des *Mémoires* des membres de l'Académie, et qu'elles finiront par la lecture de la correspondance.

Il est décidé, en outre, que dorénavant le *Compte rendu* de chaque séance sera publié le dimanche matin.

Séance du 18 avril 1836.

M. Biot, considérant d'une part l'extension que prend chaque jour la correspondance, et d'autre part l'intérêt qu'il peut y avoir à ce que les membres de l'Académie ne voient pas leur tour de lecture indéfiniment retardé, propose de faire passer désormais la lecture des Mémoires des membres de l'Académie avant la lecture des Rapports.

M. Double propose, dans les mêmes vues, la suppression des Rapports verbaux, c'est-à-dire des Rapports sur des ouvrages imprimés. Les Rapports ne seraient maintenus que pour les ouvrages publiés en langues étrangères.

M. Isidore Geoffroy Saint-Hilaire propose que la parole soit donnée aux membres, selon l'ordre de leur inscription, soit pour les Rapports, soit pour les Mémoires.

Le Bureau est chargé de faire un Rapport sur ces propositions.

Comité secret du 15 janvier 1838.

La Commission administrative chargée de l'examen des propositions faites dans la séance du 15 janvier 1838 déclare qu'elle a opté pour celle de M. Isidore Geoffroy Saint-Hilaire, en exceptant toutefois les Rapports demandés par le Gouvernement, Rapports dont la lecture lui paraît devoir obtenir, dans tous les cas, la priorité.

. . . .

La proposition de M. Isidore Geoffroy Saint-Hilaire, devenue celle de la Commission par l'adoption que celle-ci en a faite, est mise aux voix et adoptée.

Ainsi, à l'avenir, l'ordre de lecture sera déterminé d'après l'ordre d'inscription, soit qu'il s'agisse de Mémoires, soit qu'il s'agisse de Rapports, en exceptant toutefois les Rapports demandés par le Gouvernement, lesquels auront constamment la priorité.

Comité secret du 2 avril 1838.

L'Académie décide que désormais la correspondance sera lue au commencement de chaque séance et qu'elle devra être terminée à 3 heures et demie.

Comité secret du 19 novembre 1855.

Commission de lecture.

Commission de lecture pour les Discours qui doivent être prononcés en séances publiques.

Cette Commission se compose :

1° Des Membres du Bureau ;
2° Des Membres de la Commission administrative ;
3° Des Lecteurs.

Pouvoirs conférés par l'Académie aux Commissions qu'elle institue.

Le citoyen Gosse, de Genève, demande par écrit à l'assemblée si un artiste pourrait soumettre à l'examen de la classe une invention dont il présenterait les résultats sans faire connaître les procédés par lesquels il y serait parvenu.

L'Assemblée arrête, après une longue discussion, que les artistes pourront ne communiquer à la classe ou à ses commissaires que les résultats de leurs procédés, mais que, dans le cas où les commissaires chargés d'examiner ces résultats croiront ne pouvoir en rendre compte qu'après avoir connu les moyens employés par l'artiste pour y parvenir, ils exposeront leurs raisons à ce sujet dans un Rapport d'après lequel la classe décidera si les procédés doivent être communiqués à la classe ou aux commissaires.

Séance du 16 frimaire an V (6 décembre 1796).

Sur la proposition d'un membre, la classe arrête que, toutes les fois qu'il sera nommé une commission, le membre nommé le premier sera chargé de provoquer la première réunion des commissaires.

Séance du 11 messidor an VII (29 juin 1799).

Un membre ayant déclaré que certaines pièces qui lui ont été remises ne sont point assez importantes pour mériter un Rapport, la classe arrête, après une longue discussion, qu'une pareille déclaration ne sera point admise et que les Rapports seront toujours écrits et motivés.

Séance du 21 germinal an VIII (11 avril 1800).

Un membre demande qu'on ne nomme dorénavant aucune commission pour examiner les projets ou machines quand les auteurs n'auront envoyé ni Mémoire, ni dessin qui puisse donner une idée de l'invention.

Adopté.

Séance du 11 germinal an XIII (1er avril 1805).

Sur la demande d'un membre, la classe arrête comme règlement intérieur :

Qu'il ne sera plus fait de Rapport sur un Mémoire dans lequel on attaquerait les lois de la composition et de la communication du mouvement.

Séance du 18 avril 1808.

Un membre demande que la classe arrête en principe qu'elle ne s'occupera de l'examen d'aucun remède dont elle ne connaîtra pas la composition.

Après une longue discussion, cette proposition est adoptée.

Séance du 16 vendémiaire an VIII.

Rapports verbaux sur les ouvrages imprimés.
Leur suppression.

La classe charge son Président de proposer en son nom à l'assemblée générale de l'Institut d'arrêter que l'Institut national, ni aucune de ses classes ne s'occuperont de l'examen d'aucun *ouvrage imprimé*.

Séance du 26 pluviôse an IV (15 février 1796).

Deux commissaires sont nommés pour l'examen du Mémoire du citoyen Lacombe, mais cette nomination est bientôt révoquée, un membre ayant instruit la classe que le Mémoire du citoyen Lacombe est imprimé et les règlements ne permettant pas dans ce cas de nommer des commissaires.

Séance du 6 frimaire an V (26 novembre 1796).

La classe arrête que, toutes les fois que le Gouvernement demandera l'avis de la classe sur un ouvrage imprimé, le Bureau écrira au Ministre pour lui faire observer que l'Institut n'est pas dans l'usage de porter son jugement sur les ouvrages déjà soumis au jugement du public par l'impression et lui demander si, nonobstant cette circonstance, il désire qu'il soit fait un Rapport.

Séance du 1er nivôse an VII (21 décembre 1798).

L'Académie avait renvoyé à la Commission administrative l'examen d'une proposition de M. Double, ayant pour objet la suppression des *Rapports verbaux*, c'est-à-dire des Rapports sur des ouvrages imprimés, ces Rapports ne devant être maintenus que pour les ouvrages publiés en langues étrangères.

La Commission déclare avoir donné son assentiment à la proposition de M. Double, laquelle est mise aux voix et adoptée.

On exceptera toutefois, même parmi les ouvrages écrits en français, les ouvrages publiés par le Gouvernement.

Comité secret du 2 avril 1838.

Exécution des bustes des membres de l'Institut.

M. le Secrétaire perpétuel donne communication d'une lettre adressée par M. le Ministre de l'Instruction publique à la Commission centrale administrative.

Cette lettre est relative à l'exécution des bustes qui sont destinés aux salles de l'Institut et faits en dehors de tout contrôle du corps qu'ils intéressent.

A l'avenir, un membre de l'Académie à laquelle appartenait le membre défunt et un sculpteur pris dans le sein de l'Académie des Beaux-Arts, et désigné par elle, seront chargés d'examiner ces œuvres.

Tout d'abord, les artistes qui en accepteront la commande devront se conformer aux dimensions indiquées par l'architecte de l'Institut.

Comité secret du 11 décembre 1871.

Dépôt aux archives des Rapports sur les titres des candidats.

A l'occasion d'une présentation de titres, M. Dumas fait remarquer combien il est regrettable que les Rapports de la nature de ceux qui viennent d'être présentés disparaissent immédiatement après leur lecture. Il exprime l'avis, au nom de la Commission administrative, que dorénavant les Rapports sur les titres des candidats soient déposés au Secrétariat, où ils constitueront dans l'avenir l'histoire la plus complète de l'Académie elle-même. Ce dépôt, toutes les fois que l'auteur d'un Rapport y trouverait un inconvénient sérieux, pourrait n'être que facultatif.

L'Académie adopte cette proposition.

Comité secret du 20 mars 1876.

Restitution ou copie des Mémoires présentés à l'Académie.

———

L'un des secrétaires fait part à la classe de la demande des citoyens Palassous et Duchêne qui désirent qu'on leur remette les Mémoires qu'ils ont présentés dans le temps à l'Académie des Sciences, et qui sont maintenant déposés, avec les autres papiers relatifs à l'Académie, dans le Secrétariat de la classe.

L'Assemblée autorise l'un des secrétaires à faire donner aux citoyens Duchêne et Palassous des copies certifiées de leurs Mémoires.

Séance du 16 nivôse an V (5 janvier 1797).

———

La classe prend un arrêté duquel il résulte que, lorsqu'un auteur fera connaître aux commissaires chargés de l'examen de son Mémoire qu'il désire le retirer, les commissaires pourront alors le lui rendre, pourvu qu'ils en avertissent la classe, afin qu'il en soit fait mention dans les registres.

Séance du 21 messidor an VI (9 juillet 1797).

———

D'après la demande du citoyen Sue, présentée à l'Assemblée par l'un des secrétaires, la classe autorise le citoyen Cardot, commis au secrétariat, à remettre au citoyen Sue, et sur son récépissé, les Mémoires que ce dernier a lus dans les séances de la classe.

Séance du 11 fructidor an V (28 août 1797).

Sur la proposition d'un membre et après une longue discussion, la classe arrête que les Mémoires présentés et sur lesquels il aura été fait un Rapport resteront en originaux au Secrétariat, où les auteurs pourront en prendre des copies à leurs frais.

Séance du 21 brumaire an VIII (12 décembre 1799).

Ouvrage dédié à l'Académie.

L'Académie agrée la demande qui lui est faite par M. Brué de permettre qu'il lui dédie la nouvelle édition de son Atlas.

Séance du 1ᵉʳ septembre 1828.

Règlements pour les impressions.

5

Chaque classe de l'Institut publiera tous les ans ses découvertes et ses travaux.

Loi du 3 brumaire an IV (25 octobre 1795).

Art. XXIV.

Chaque classe publiera séparément les Mémoires de ses membres et de ses associés : la première, sous le titre de *Mémoires de l'Institut national, Sciences mathématiques et physiques;* la seconde, sous celui de *Mémoires de l'Institut national, Sciences morales et politiques;* et la troisième, sous le titre de *Mémoires de l'Institut national, Littérature et Beaux-Arts.* Les classes publieront de plus les pièces qui auront remporté les prix, les Mémoires des savants étrangers qui leur seront présentés et la description des inventions nouvelles les plus utiles.

Art. XXV.

L'Institut national continuera la description des arts commencée par l'Académie des Sciences et l'extrait des manuscrits des Bibliothèques nationales commencé par l'Académie des inscriptions et belles-lettres. Il sera chargé de toutes les opérations relatives à la fixation de l'unité des poids et mesures ; et, lorsqu'elles seront terminées, il sera dépositaire d'une mesure originale de cette unité, en platine.

Loi du 15 germinal an IV (4 avril 1796).

Les cit. Fourcroy et Lelièvre sont nommés pour demander, avec les commissaires des fonds, au Ministre de l'Intérieur, qu'il mette l'Imprimerie nationale à la disposition de la classe pour l'impression des Mémoires qu'elle doit publier.

Séance du 6 thermidor an IV (24 juillet 1796).

L'Assemblée arrête que, dorénavant, les Mémoires manuscrits qui lui seront envoyés par ses associés seront renvoyés à l'examen des commissaires ; que les observations des commissaires seront communiquées à l'auteur du Mémoire et que, après avoir reçu la réponse de l'auteur aux observations, la classe délibérera sur l'impression de l'Ouvrage.

Séance du 11 thermidor an IV (29 juillet 1795).

D'après la motion d'un membre, l'Assemblée arrête qu'il sera proposé en son nom à l'Institut général de faire imprimer dans les Volumes qu'il publiera les noms de ceux qui auront donné pour la Bibliothèque un exemplaire de leurs Ouvrages.

Séance du 1er messidor an V (19 juin 1796).

Le cit. Baudin fait, au nom de la Commission des fonds, le Rapport suivant, sur le mode de l'impression des Mémoires de l'Institut.

Entre l'Institut national d'une part, représenté par les cit. Camus, Dupont de Nemours, Vincent, Cels et Baudin (des Ardennes) composant la Commission des fonds et de la Bibliothèque, et spécialement autorisés par la délibération prise dans la séance générale du 5 frimaire de l'an V, à stipuler en son nom le traité ci-après,

Et François-Jean Baudouin, imprimeur du Corps Législatif, d'autre part,

Ont été arrêtées les conditions suivantes :

ENGAGEMENTS DU CIT. BAUDOIN.

I. Il sera imprimé chaque année au moins deux cent quarante feuilles et au plus deux cent cinquante-cinq feuilles in-4°, contenant les Mémoires de l'Institut national et ceux qui auront obtenu les prix qu'il aura proposés et décernés ; chacune des classes de l'Institut ayant un droit égal à l'impression, l'Institut réglera entre elles la distribution de ces deux cent quarante ou deux cent cinquante-cinq feuilles, qui, divisées en Volumes égaux, en formeraient trois, dont chacun serait de quatre-vingts à quatre-vingt-cinq feuilles, ou de six cent quarante pages in-4° au moins, et six cent soixante au plus.

II. L'Institut réglera l'époque à laquelle paraîtront, dans le cours de chaque année, les différents Volumes.

III. Les modèles doubles du papier, des caractères

et du format convenus et arrêtés seront signés, *ne varietur,* par les commissaires ci-dessus nommés qui retiendront l'un des modèles, et par l'imprimeur auquel l'autre sera remis.

IV. Avant la mise en vente de chaque Volume, il en sera fourni à l'Institut cent quarante-quatre exemplaires *brochés et cartonnés,* pour être distribués à chacun des membres, et cinquante-six exemplaires en feuilles, dont l'Institut disposera, ainsi qu'un exemplaire grand raisin pour sa Bibliothèque.

V. Les membres résidants qui seront élus à l'avenir jouiront de la remise d'un cinquième du prix pour chacun des Volumes précédents dont ils feront l'acquisition.

VI. Les associés des départements jouiront de la même remise d'un cinquième pour un exemplaire de chacun des Volumes qu'ils voudront acheter; elle sera également accordée aux auteurs des Mémoires couronnés, pour un exemplaire du volume qui les contiendra.

VII. Les dessins feront partie du manuscrit à remettre à l'imprimeur; mais il n'emploiera pour leur gravure que des artistes choisis par lui, et approuvés par la classe qui aura fourni chaque dessin. Les cuivres seront, à la fin de l'édition de chaque volume et dans les trois mois qui suivront la publication, déposés aux Archives de l'Institut, et n'en pourront être retirés par l'imprimeur qu'à mesure des besoins, sous récépissés, avec obligation de les y rétablir dans les trois mois, et de manière que, dans tous les cas, il en reste toujours une partie dans le dépôt de l'Institut.

VIII. L'imprimeur pourra, s'il le veut, imprimer séparément soit chacun des Mémoires qui formeront la collection, soit quelques-uns seulement, à moins que les auteurs ne lui aient fait connaître qu'ils s'y opposent, et il sera fourni douze exemplaires à l'auteur de chacun des Mémoires qui paraîtront ainsi détachés.

IX. L'impression prévue par l'article précédent des Mémoires détachés, ainsi que leur vente, soit séparément, soit en formant un recueil de ceux de chaque auteur, ne portera aucun préjudice à sa propriété personnelle. Chacun des membres de l'Institut conservera le droit de disposer d'ailleurs des ouvrages qu'il aura lus dans les séances, et qui paraîtront dans la collection des Mémoires ; il pourra les faire réimprimer de toute autre manière, sans que l'imprimeur de l'Institut ait à former à ce sujet aucune réclamation.

ENGAGEMENTS DE L'INSTITUT NATIONAL.

I. L'Institut national accorde au cit. Baudouin le titre d'imprimeur de l'Institut et l'entrée des séances, comme au Bibliothécaire.

II. La faculté de vendre en tel nombre et format, et à tel prix qu'il jugera convenable, chacun des Volumes des Mémoires, après les fournitures offertes et acceptées par l'art. IV.

III. En cas de décès de l'imprimeur, sa veuve,

ses héritiers ou ayants cause, seront subrogés au présent traité, s'ils veulent en exécuter les conditions.

IV. Le présent traité est convenu et arrêté pour l'espace de vingt années, à dater de ce jour.

V. Lors de son expiration, comme aussi dans tous les cas de résiliation pendant sa durée, tout autre imprimeur auquel l'Institut accordera la publication de ses Mémoires ne pourra réimprimer les Volumes précédents qu'après neuf années révolues, à compter du jour de sa nomination, à moins qu'il ne justifie que l'édition est épuisée et que l'Institut, après s'être assuré du fait, n'autorise la réimpression par une délibération expresse.

VI. Il sera tenu par l'imprimeur un registre d'entrée et de sortie, tant des manuscrits et dessins, que des épreuves à corriger par les auteurs, quand ils le voudront, et de la remise des dessins aux artistes chargés de les graver. Ce registre, destiné à constater les diligences faites par l'imprimeur et les retards qui lui seraient étrangers, sera communiqué à toute réquisition, tant au Bureau de chaque classe et à la Commission des fonds chargés de surveiller l'impression, qu'à l'auteur de chaque Mémoire, en ce qui concernera son Ouvrage.

VII. En cas de difficulté sur l'exécution du présent traité, les parties conviennent d'avance de renoncer réciproquement à toutes poursuites et procédures judiciaires, et de s'en remettre au jugement définitif, sans réserve d'appel, qui sera prononcé par quatre arbitres, dont deux choisis par l'Institut et deux par l'imprimeur, avec pouvoir aux arbitres d'en nommer au besoin entre eux un cinquième pour départager.

Fait double au Louvre, le vingt-deux nivôse an cinquième de la République française.

Signé : Camus, Cels, Vincent, Baudouin.

Le Rapport est adopté.

Séance générale du 5 nivôse an V (25 décembre 1796).

———

L'un des secrétaires lit une lettre du Ministre de l'Intérieur, qui annonce qu'il vient d'autoriser le Directeur de l'imprimerie de la République à faire imprimer les Mémoires des diverses classes de l'Institut, selon le format et au nombre d'exemplaires que l'Institut déterminera.

En conséquence de cette lettre, la classe arrête qu'il sera tiré mille exemplaires de ses Mémoires.

Elle prend d'ailleurs l'arrêté suivant :

I. Il y aura pour chaque Volume des Mémoires de la classe une Commission chargée d'examiner les Mémoires des membres résidents, destinés à être imprimés dans ce Volume.

II. Cette Commission portera le nom de *Commission de l'impression.*

III. Elle sera composée de dix membres ; chaque section en élira un dans son sein et au scrutin.

11

IV. Elle fera un Rapport sur les Mémoires lus par les membres résidents, et le présentera à la classe, qui décidera définitivement de l'impression de ces Mémoires.

V. Deux voix pour la non-impression d'un Mémoire suffiront dans la commission pour qu'elle soit obligée d'en référer à la classe, qui en décidera au scrutin et après une seconde lecture du Mémoire.

L'Assemblée arrête de plus que sa Commission des fonds lui fera incessamment un rapport sur les dessins et gravures qu'exigeront les Mémoires imprimés.

Séance du 1er brumaire an V (22 octobre 1796).

Un membre de la Commission de l'impression ayant rendu compte à l'Assemblée du travail et des vues de cette Commission, la classe arrête que chacun des Volumes qu'elle publiera contiendra deux parties : la première présentera l'histoire des travaux de la classe et la seconde renfermera les Mémoires des membres ou associés, dont l'impression aura été ordonnée par la classe.

L'Assemblée arrête de plus que les Mémoires seront imprimés suivant l'ordre des dates de leur remise au Secrétariat.

Séance du 1er pluviôse an V (20 janvier 1797).

Sur la proposition faite par un membre de la Commission de l'impression, au nom de cette Commission, la classe arrête que les Mémoires suivants seront imprimés dans le Volume qu'elle va publier.

Suit la liste de ces Mémoires.

Séance du 11 pluviôse an V (30 janvier 1797).

———

Le cit. Huzard lit, au nom de la Commission d'impression, le Rapport suivant sur l'impression des Mémoires :

La Commission a discuté successivement toutes les propositions qui lui avaient été renvoyées par la classe relativement à l'histoire qui doit être placée en tête de chacun de ses Volumes, et elle lui rend compte aujourd'hui du résultat de son travail.

Il ne peut y avoir d'histoire particulière de la classe ou de résumé des discussions importantes et scientifiques qui l'ont occupée, parce qu'il n'est pas tenu note de ces discussions dans les procès-verbaux des séances.

Les observations particulières, quelque courtes qu'elles soient, dès qu'elles présentent des résultats importants ou des vues neuves, doivent être placées à leur rang dans le cours du Volume.

Il en sera de même des Rapports dont la classe aura arrêté l'impression et la publicité.

L'Histoire de chaque Volume restera composée ainsi qu'il suit :

1° Après les titres, *la table*.

Cette table contiendra simplement le titre de toutes les pièces et Mémoires qui composeront le Volume dans leur ordre chronologique.

2° La réimpression des programmes des prix proposés par la classe et le résultat du concours, ainsi que l'annonce des pièces qui auront remporté les prix ou les accessits.

3° Les notices des membres morts.

4° Les titres des Mémoires lus par les membres et non imprimés dans les Volumes, avec une notice de ces Mémoires et l'indication de l'Ouvrage où on les trouve, les titres des Mémoires lus par des étrangers; l'indication des machines présentées et approuvées.

5° Le catalogue des Ouvrages imprimés remis à la classe.

Mais cette Histoire même est subordonnée à ce que l'Institut décidera d'après le compte qui lui sera rendu dans sa prochaine Assemblée générale, et s'il arrête que toutes les années l'Histoire de l'Institut sera publiée à part pour être placée par les acquéreurs des Volumes à la tête de celui qu'ils auront acquis, alors il est évident que les différents articles que nous avons indiqués sous les nᵒˢ 2, 3, 4 et 5 feront partie de cette histoire générale dans laquelle se trouveront aussi les mutations et changements arrivés parmi les membres, et que chaque Volume ne contiendra alors que les Mémoires lus dans les classes.

Elle lui propose d'arrêter aussi le plan qu'elle lui a présenté pour l'Histoire, parce que, soit que cette Histoire reste placée à la tête de chacun de ses Volumes, soit qu'elle fasse partie du travail général qu'adoptera ou rejettera l'Institut, il est essentiel que les Secrétaires s'en occupent sur-le-champ pour ne pas retarder la publication des Volumes.

Elle lui propose enfin d'arrêter aussi que son Bureau sera chargé de s'entendre avec ceux des autres classes pour présenter le travail de l'Histoire générale de l'Institut à l'Assemblée du 5 ventôse prochain.

Signé à la minute :

HUZARD, LACÉPÈDE, BRISSON, DARCET, PRONY, BORDA, SABATIER, FOURCROY, DESFONTAINES, LALANDE.

Séance du 16 pluviôse an VI (4 février 1798).

Le cit. Lacépède lit, au nom de la Commission d'impression, le Rapport suivant sur les moyens d'accélérer l'impression des Mémoires de l'Institut en général et en particulier ceux de la classe des Sciences physiques et mathématiques :

Vous avez chargé votre Commission d'impression de rechercher les moyens les plus propres à accélérer la publication des Mémoires déjà lus dans vos séances et dont le nombre est si grand que leur impression, si elle n'est hâtée par une mesure extraordinaire, retardera de deux ou trois ans celle des différents Ouvrages qui vous seront successivement présentés. Votre Commission s'est empressée de s'occuper d'un objet aussi important pour le progrès des Sciences et la gloire de l'Institut. Mais elle a bientôt vu qu'il était impossible d'adopter à cet égard un projet véritablement utile, avant que, sur la demande que vous avez résolu de faire à l'assemblée générale, l'Institut ait donné à chaque classe le droit de publier à l'époque qu'elle croira la plus convenable le Volume de ses Mémoires qui doit paraître chaque année. Par cette sage détermination, l'Institut national ne fera qu'exécuter un des articles de son traité avec son imprimeur, celui dans lequel il est dit que l'Institut réglera le temps auquel paraîtront les Volumes des Mémoires de ses classes.

. . . .

La classe approuve le Rapport, en adopte les conclusions et décide qu'il sera lu dans l'assemblée générale de l'Institut présent mois.

Séance du 1ᵉʳ fructidor an VI (18 août 1798).

La classe arrête :

1° Qu'il sera proposé à l'Institut, dans la prochaine séance générale, de statuer que chaque classe fixera l'époque à laquelle chaque Volume de ses Mémoires paraîtra en se conformant au traité fait avec l'imprimeur ;

2° Que la Commission d'impression lui présentera un Rapport sur les moyens de mettre au courant de ses travaux l'impression et la publication de ses Mémoires, et d'empêcher qu'il n'y ait dorénavant d'arriéré dans cette publication.

Séance du 16 thermidor an VI (3 août 1798).

Sur la proposition d'un membre, la classe ayant reconnu les inconvénients de son arrêté du 1ᵉʳ pluviôse an V, portant que les Mémoires lus par les membres n'auront droit à l'impression que par la date de leur remise définitive au Secrétariat, arrête que ce droit datera du jour de la lecture du Mémoire purement et simplement.

Séance du 1ᵉʳ vendémiaire an VII (22 septembre 1798).

Après une discussion sur le mode de publication des Mémoires, il est arrêté que chaque classe publiera son volume, à mesure qu'il sera en état de paraître.

Séance générale du 5 vendémiaire an VII
(26 septembre 1798).

ART. III. — Le président, le vice-président, les deux secrétaires perpétuels et les deux membres de la Commission administrative formeront un Comité chargé de l'emploi des fonds de la classe, de l'impression des ouvrages et de la tenue de ses séances générales et publiques.

Art. III du Règlement intérieur du 2 ventôse an XI
(21 février 1803).

La classe arrête qu'à dater de ce jour, on ne réimprimera point dans la collection de l'Institut les Mémoires déjà imprimés dans d'autres collections, à moins qu'ils ne l'aient été seulement par extrait, ou que les auteurs n'y aient fait des additions ou des changements notables.

Séance du 18 germinal an XIII (8 avril 1805).

La Commission a jugé à l'unanimité qu'il serait utile et convenable de joindre une Table des matières aux Volumes des Mémoires de l'Institut; mais ces Mémoires étant divisés en trois classes distinctes comme l'était lui-même l'Institut avant sa nouvelle organisation, et les trois parties ayant été vendues séparément par l'imprimeur, il paraît nécessaire de rédiger des Tables particulières pour chacune de ces trois divisions.

Les commissaires ont pensé aussi que le choix des personnes chargées de la rédaction de ces Tables, ainsi que le plan d'après lequel elles doivent être rédigées, pouvaient être déterminés par une Commission formée des Bureaux réunis des quatre classes, et que si l'Institut adoptait l'avis de la Commission, la dépense de la rédaction, ainsi que de l'impression des Tables, devait être prise sur les fonds communs de l'Institut.

L'avis de la Commission est adopté.

Séance générale du 13 nivôse an XIII (3 janvier 1805).

———

L'Institut arrête que la présentation des Mémoires et des nouveaux membres à l'Empereur se fera par l'Institut en corps, convoqué pour cet effet par le président du trimestre, et que le président écrira pour demander le jour et l'heure où S. M. I. voudra bien recevoir l'Institut; la même marche sera observée à l'avenir dans les occasions semblables.

Séance générale du 13 nivôse an XIII (3 janvier 1805).

———

Sur la proposition du Comité administratif, la classe arrête que les Mémoires qu'elle fera imprimer, à dater de cet instant, commenceront une nouvelle collection qui aura un autre titre et dont les Volumes recommenceront une série de numéros.

Elle arrête également que ces Volumes contiendront un exposé historique de tout ce qui aura été fait d'important dans la classe pendant chaque année, lequel exposé sera rédigé par les secrétaires.

Séance du 3 février 1806.

La classe arrête qu'on pourra insérer dans le Recueil de ses Mémoires ceux qui lui seront adressés par ses correspondants lorsqu'ils auront été examinés par des commissaires et qu'ils auront été adoptés par elle.

Séance du 15 février 1808.

Dans la 1re série des Mémoires de la 1re classe de l'Institut (1796-1815), on trouve plusieurs Mémoires des *Associés* de la 1re classe : Duc-Lachapelle, Rougier La Bergerie, Forfait, Schreiber, etc. — Ces insertions résultent des décisions des 11 thermidor an IV et 1er pluviôse an V.

Dans toute la seconde série publiée depuis l'année 1816, on ne trouve qu'un seul exemple de Mémoire ayant pour auteur un Correspondant. Ce Mémoire est celui de M. Delille, inséré au t. VII, 1824.

L'auteur a lu son Mémoire devant l'Académie, le 11 novembre 1822 ; aucune Commission n'a été nommée, — aucun Rapport n'a été fait.

Dans le tome XXVII de cette même série, on a inséré un Mémoire de lord Brougham, associé étranger de l'Académie des Sciences morales et politiques.

L'auteur a lu ce Mémoire devant l'Académie, le 18 avril 1853.

———

Une lettre de S. E. le Ministre de l'Intérieur annonce que S. M. l'Empereur et Roi a confirmé le marché fait par l'Institut avec le sieur Baudouin pour l'impression de ses Mémoires.

On donne lecture du décret impérial, en date du 21 novembre 1808.

Ce décret est transcrit sur le registre de la troisième classe de l'Institut (séance du 16 décembre 1808).

Séance générale du 3 janvier 1809.

———

Au nom de la Commission administrative et des secrétaires perpétuels réunis, M. le comte Regnault de Saint-Jean d'Angely propose d'adopter le projet de traité suivant par lequel le sieur Firmin Didot serait substitué au sieur Baudouin en qualité d'imprimeur de l'Institut impérial de France :

Entre nous François-Jean Baudouin, imprimeur de l'Institut, demeurant à Paris, rue Pot-de-Fer, n° 14, d'une part, Firmin Didot, imprimeur, demeurant à Paris, rue Jacob, n° 24, et S. E. le comte Regnault de Saint-Jean d'Angely, MM. Bosc, Lacroix, Clavier et Lecomte, président, secrétaire et membres de la Commission administrative de l'Institut, aussi d'autre part,

Ont été arrêtées conditionnellement les conventions suivantes :

1° Moi, Baudouin, j'ai donné ma démission de la place d'imprimeur de l'Institut impérial, si le sieur Firmin Didot, par moi proposé pour me remplacer, est accepté par l'Institut et le Gouvernement.

2° Moi, Firmin Didot, accepte avec reconnaissance le titre et les fonctions d'imprimeur de l'Institut, sauf les autorisations nécessaires, et m'oblige de remplir envers l'Institut en général, et envers chacune de ses classes en particulier, toutes les obligations auxquelles le sieur Baudouin s'était assujetti.

3° Au nombre de ces obligations est spécialement comprise celle de faire imprimer à l'Imprimerie impériale, aux termes de l'article II du décret du 21 novembre 1808, à mes frais, tous les Mémoires de la classe d'Histoire et de Littérature ancienne et d'en retirer les exemplaires à fur et mesure du tirage jusqu'à ce que les membres de la dite classe, reconnaissant que je suis pourvu des caractères nécessaires pour l'impression des dits Mémoires, consentent qu'ils soient imprimés chez moi.

4° Le présent engagement ne sera obligatoire qu'après avoir reçu l'approbation de l'assemblée générale de l'Institut et avoir été autorisé par S. E. le Ministre de l'Intérieur.

Fait triple sous les conditions sus-énoncées, à Paris, le 16 octobre 1811.

Signé : MM. A. Carouge, femme Baudouin,

en vertu d'une procuration spéciale Firmin Didot, Regnault de Saint-Jean d'Angely, Lecomte, Lacroix, Clavier, Bosc.

Approuvé à l'unanimité dans la séance générale de l'Institut impérial de France, le 16 octobre 1811.

Signé : E.-Q. Visconti, président,
Joachim Le Breton, secrétaire
général de trimestre.

Séance générale extraordinaire du 16 octobre 1811.

DÉLIBÉRATION PRISE PAR L'ACADÉMIE DES SCIENCES,
DANS SA SÉANCE DU 29 MARS 1824.

ART. I. — L'Académie des Sciences publiera tous les ans un Volume de 600 pages au moins ; ce Volume se composera des Notices historiques et des Mémoires lus ou présentés par les membres dans les séances ordinaires et publiques, enfin des Rapports dont on aura voté l'impression.

ART. II. — En exécution de l'article III du règlement approuvé par l'ordonnance royale du 5 mai 1816, une Commission composée du président, du vice-président, des deux secrétaires perpétuels et des deux membres de la Commission administrative, veillera à tous les détails de cette publication. Elle prononcera spécialement sur l'ordre dans lequel les divers articles de chaque Volume devront être placés.

ART. III. — Le manuscrit d'un Mémoire ne pourra, dans aucun cas, être envoyé à l'imprimerie par parties.

ART. IV. — Les épreuves seront adressées directement au Secrétariat, qui les fera remettre aux auteurs. Ce sera aussi par son entremise que les feuilles passeront des mains des auteurs dans celles de l'imprimeur. On tiendra note dans un registre particulier du jour de l'arrivée de chaque épreuve au Secrétariat, et du jour où elle y rentrera après avoir été corrigée.

ART. V. — Les Académiciens rendront les épreuves dans le délai de quatre jours. Si toutefois deux ou trois épreuves leur avaient été adressées à la fois, ils pourraient ne renvoyer la seconde qu'après six jours, et la troisième qu'après huit.

ART. VI. — L'impression de tout Mémoire dont l'auteur n'aura pas pu satisfaire aux conditions précédentes sera ajournée. La Commission déterminera, suivant les circonstances, si cet ajournement devra porter sur la totalité des Mémoires, ou seulement sur une partie.

ART. VII. — Chaque auteur pourra réclamer vingt-cinq exemplaires séparés des Mémoires qu'il insérera dans le recueil de l'Académie. Ils lui seront fournis gratuitement, pourvu que la demande en ait été faite dès le commencement de l'impression.

ART. VIII. — La Commission, quand elle le jugera nécessaire, pourra insérer dans un Volume les Mémoires ou Notices historiques dont elle ne posséderait pas le manuscrit, et que les auteurs auraient fait imprimer dans d'autres recueils ou séparément, si ces Mémoires ont été lus devant l'Académie.

Quand la Commission aura pris une semblable détermination, elle en fera part à l'auteur du Mémoire; en cas de difficulté, l'Académie prononcera.

La disposition contenue dans cet article n'aura pas d'effet rétroactif.

ART. IX. — Le président rendra compte, en Comité secret, dans la première séance de chaque mois, et plus souvent si cela est nécessaire, de l'état de l'impression des Mémoires, et des infractions au présent règlement sur lesquelles la Commission aura dû statuer. Il fera également connaître les autres difficultés, quelle qu'en soit la nature, qui auraient pu se pré-

senter, et les démarches que la Commission aura faites
pour les lever. Enfin, dans la première séance de janvier, le président, en quittant le fauteuil, rendra un
compte général des progrès que l'impression des Mémoires aura faits pendant la durée de ses fonctions.

Art. X. — Toutes ces dispositions réglementaires
seront applicables aux Mémoires actuellement sous
presse, et à ceux qui devront entrer dans le recueil
des Savants étrangers.

On a cessé depuis plus de deux mois de recevoir
des épreuves de l'Imprimerie royale, et malgré des
instances réitérées on n'a pu encore obtenir que ce
travail fût repris. Il est suspendu par des motifs de
service public qui se rapportent à la session des
Chambres. Cette interruption porte sur un Volume
des Mémoires et sur un Volume des Savants étrangers. Ces deux tomes sont presque entièrement ter-
minés ; il ne leur manque à l'un et à l'autre que quelques feuilles d'impression.

Après avoir employé inutilement tous les moyens
d'accélérer ce travail, il a été reconnu qu'on ne peut
être assuré de la publication des Volumes suivants
qu'en faisant concourir avec l'Imprimerie royale l'imprimeur ordinaire de l'Institut. En conséquence, on
a réuni la matière qui doit compléter un nouveau
tome, celui de l'année 1823, et l'on en va commencer
l'impression d'après un marché particulier fait par
votre Commission des fonds avec MM. Didot. Cette
impression ne sera point sujette aux retards et aux
incertitudes de l'Imprimerie royale. Nous espérons
qu'à la fin du mois prochain nous annoncerons l'impression de plusieurs feuilles du nouveau Volume de
1823.

L'Académie adopte la proposition de faire concourir à ses frais M. Didot à l'impression de ses Mémoires.

Le marché à faire avec cet imprimeur sera soumis à l'approbation de l'Académie.

Séance du 6 février 1826, Comité secret.

Marché passé entre l'Académie royale des Sciences et MM. Firmin Didot pour l'impression des Mémoires de cette Académie.

En exécution de la délibération de l'Académie royale des Sciences, prise dans sa séance du lundi 6 février 1826, et sous l'approbation de l'Académie, les articles suivants ont été convenus entre les membres du Comité chargé de l'emploi des fonds (art. III des Règlements) et MM. Firmin Didot, père et fils, imprimeurs de l'Institut, savoir :

Art. Ier. — MM. Firmin Didot s'engagent à imprimer le Volume des Mémoires de l'Académie royale des Sciences pour l'année 1823, en se conformant en tout pour le caractère, la justification, le papier, etc., aux conditions qui ont été observées pour l'impression des tomes I-IV. Le tirage aura lieu au nombre de 750 exemplaires. Les prix sont fixés à 75 francs par feuille pour la partie mathématique et à 55 francs pour la partie historique ou sans mathématiques, les corrections courantes comprises.

Les remaniements seront payés par l'Académie et vérifiés par la présentation des épreuves, *condition strictement nécessaire.*

Aʀᴛ. II. — L'imprimeur fournira par semaine deux
épreuves de feuilles différentes dans la partie mathématique, ou quatre épreuves dans la partie historique
ou courante.

Les 25 exemplaires à part, destinés aux auteurs qui
en auront fait la demande, seront payés par l'Académie à raison de 4 francs la feuille.

Il sera fourni aux auteurs deux épreuves au moins
de chaque feuille, et quatre au plus. La dernière sera
double. Les épreuves qui seraient fournies au delà
du nombre fixé seront comprises dans les remaniements.

Chaque épreuve portera la date du jour de l'envoi
et celle du jour de renvoi. En général, on se con-
formera, pour la transmission et la remise des épreuves
et pour tous les détails de l'exécution, au règlement qui
a été arrêté par l'Académie, en date du 29 mars 1824,
lequel demeure ci-annexé.

Aʀᴛ. III. — MM. Firmin Didot pourront réclamer
la somme de 1500 francs, à mesure qu'ils justifieront
avoir imprimé 20 feuilles au moins.

Les frais de brochure et cartonnage seront à la
charge de l'Académie.

Fait double sous les conditions sus-énoncées.

A Paris, le 6 mars 1826.

Ce projet, présenté par la Commission chargée de
l'emploi des fonds, est approuvé par l'Académie.

Séance du 27 février 1826.

Après s'être occupée de la question du *Compte rendu,* la Commission administrative a porté son attention sur celle de l'impression des *Mémoires de l'Académie.*

Elle pense que rien n'est plus nécessaire que de régulariser et d'accélérer, le plus possible, l'impression dont il s'agit.

Elle croit que les Volumes des *Mémoires de l'Académie* devraient paraître, à l'avenir, par *parties séparées.* Cette publication, par parties séparées, devrait être *trimestrielle.*

Et, pour que cette publication rapide soit désormais affranchie des causes de retards, jusqu'ici trop ordinaires, l'impression d'aucun Mémoire ne devra être commencée avant la remise au Secrétariat du manuscrit entier.

Enfin la Commission administrative devra faire, chaque trois mois, à l'Académie, sur l'impression des Mémoires un Rapport pareil à celui qu'elle est chargée de faire sur les *Comptes rendus.*

Chacune de ces propositions est successivement mise aux voix et adoptée.

Comité secret du 2 mai 1859.

———

L'Académie adopte la proposition de M. Le Verrier relative à l'impression de ses Mémoires.

Cette proposition consiste à décharger les *Comptes rendus* des Mémoires importants en les faisant entrer soit dans les *Mémoires de l'Académie,* soit dans le *Recueil des Savants étrangers.*

Pour ne pas retarder leur publication, on donne-

12

rait à chacun d'eux une pagination séparée et une indication spéciale.

Comme pour différents Recueils, on publierait un Volume dès que le nombre des Mémoires imprimés paraîtrait suffisant.

Comité secret du 11 décembre 1871.

Tirages à part.

L'imprimeur pourra, s'il le veut, imprimer séparément soit chacun des Mémoires qui formeront la collection, soit quelques-uns seulement, à moins que les auteurs ne lui aient fait connaître qu'ils s'y opposent, et il sera fourni douze exemplaires à l'auteur de chacun des Mémoires qui paraîtront ainsi détachés.

Art. VIII du Traité passé avec Baudouin (*voir* p. 159).

Chaque auteur pourra réclamer vingt-cinq exemplaires séparés des Mémoires qu'il insérera dans le recueil de l'Académie. Ils lui seront fournis gratuitement, pourvu que la demande en ait été faite dès le commencement de l'impression.

Art. VII de la Délibération du 29 mars 1824 (*voir* p. 173).

La Commission décide que, à l'avenir et dans aucun cas, elle n'accordera, soit pour les *Mémoires de l'Académie*, soit pour ceux *des Savants étrangers*, de tirage à part supérieur à cent.

Vingt-cinq exemplaires seront, comme de coutume, aux frais de l'Académie; pour aller au delà, une décision spéciale de la Commission sera nécessaire.

Le nom d'aucun éditeur ne figurera ni sur la couverture, ni sur le titre, ni devant ou derrière le faux titre.

La couverture du tirage à part sera toujours conforme au modèle joint à la minute du présent procès-verbal. Il sera formellement interdit aux auteurs ou aux éditeurs d'y apporter aucun changement.

Procès-verbal de la Commission administrative.
(Séance du 27 novembre 1876.)

Prêt de planches gravées appartenant à l'Académie.

La Commission accorde à M. Lesbros le prêt momentané des planches qui accompagnent le Mémoire de M. le colonel Lesbros.

Ces planches seront restituées au Secrétariat dans le plus bref délai.

Procès-verbaux de la Commission administrative.
(Séance du 7 avril 1873.)

Il est donné communication d'une lettre par laquelle M. X. sollicite l'autorisation de faire exécuter un second tirage de deux planches qui accompagnent son Mémoire sur la *Trière athénienne*.

La Commission accorde à M. X. l'autorisation qu'il sollicite et décide que les frais du tirage dont il s'agit seront supportés par l'Académie.

Procès-verbaux de la Commission administrative.
(Séance du 13 avril 1885.)

Distribution des volumes publiés par l'Académie.

Sur la proposition de M. Arago, la Commission arrête qu'il sera remis un exemplaire de chaque volume des *Mémoires de l'Académie* aux Bibliothèques publiques de chaque chef-lieu de département.

Procès-verbaux de la Commission administrative.
(Séance du 28 janvier 1833.)

Comptes rendus.

M. Arago expose les divers motifs qui, suivant lui, doivent faire désirer que l'Académie publie chaque semaine, tous les samedis, par exemple, un compte détaillé et fidèle de ses séances hebdomadaires. Il annonce que M. Flourens et lui se chargeront volontiers de cette publication, si l'on croit qu'elle puisse contribuer au progrès des Sciences.

L'Académie agrée l'offre de ses deux secrétaires.

Le Président et les deux membres de la Commission administrative sont chargés de s'entendre avec eux sur les moyens d'exécution.

Comité secret du 23 mars 1835.

La Commission arrête que les *Comptes rendus* des séances de l'Académie ne seront adressés qu'aux Bibliothèques ou Sociétés savantes auxquelles elle donne ses Mémoires.

Procès-verbaux de la Commission administrative.
(Séance du 9 novembre 1835.)

ADMINISTRATION DE L'ENREGISTREMENT
ET DES DOMAINES.

3ᵉ division. — Timbre n° 5759. — Département de la Seine.

Paris, le 20 janvier 1836.

Monsieur et cher Collègue,

Vous avez demandé si le *Compte rendu hebdomadaire des séances de l'Académie des Sciences* devait être imprimé sur papier timbré.

J'ai l'honneur de vous informer que le Ministre des finances a décidé sur ma proposition, le 13 de ce mois, que le *Compte rendu* dont il s'agit est exempt de la formalité du timbre.

Agréez, etc.

Signé : Calmon.

A Monsieur le baron Charles Dupin, Président de l'Académie des Sciences.

———

Sur la proposition d'un Membre (M. Flourens), l'Académie décide que, à compter de cette année, il sera annexé au numéro du 1ᵉʳ janvier des *Comptes rendus* un état du personnel de l'Académie à cette date.

Comité secret du 22 janvier 1857.

———

La Commission administrative, après un examen attentif des causes qui ont amené le déficit de 1858, pense que la première mesure à prendre serait de restreindre le nombre des pages accordées aux communications des personnes étrangères à l'Académie.

Elle croit que l'étendue accordée aux communications de ce genre ne devrait pas dépasser en général *deux pages.*

Toutefois M. le Secrétaire perpétuel pourrait autoriser, sur sa responsabilité, l'insertion de *trois* et même de *quatre pages,* selon l'importance de la communication.

La Commission pense, en second lieu, qu'il est nécessaire de revenir immédiatement à l'ancien usage, qui était qu'un Rapport sur l'impression des *Comptes rendus* fût fait tous les trois mois à l'Académie par la Commission administrative.

Enfin, la Commission prenant en considération une remarque faite par un membre sur les inconvénients qui peuvent résulter du *tirage à part des Extraits* imprimés dans les *Comptes rendus* par des personnes étrangères à l'Académie, extraits qui portent en tête : *Institut impérial* et *Académie des Sciences,* pense que nul tirage à part, portant une indication quelconque qui puisse impliquer le jugement de l'Académie, ne devra être autorisé à l'avenir.

Comité secret du lundi 2 mai 1859.

A l'occasion d'une discussion, sur le Compte rendu, qui s'est élevée pendant la séance, un membre rappelle une décision déjà ancienne de l'Académie, qui détermine que les observations auxquelles peut donner lieu la rédaction des *Comptes rendus* doivent être faites en comité secret.

L'Académie pense qu'il convient de maintenir avec soin cette décision.

Comité secret du 10 octobre 1859.

L'Académie a, dans deux circonstances différentes, ordonné l'impression aux *Comptes rendus* de discours prononcés à des funérailles.

On trouve aux *Comptes rendus*, t. XXXVII, p. 513, le discours prononcé par M. Flourens aux obsèques d'Arago.

On trouve également au t. LXVI, p. 85, les discours prononcés par MM. Dupin et Dumas aux funérailles de Poncelet.

Il faut remarquer que, la séance ayant été levée dès que l'Académie eut connaissance officielle de la mort d'Arago, il n'y eut pas de Compte rendu. C'est vraisemblablement pour marquer la date et pour remplacer le Compte rendu manquant que le discours de M. Flourens fut inséré.

Cette marche n'a pas été suivie lors du décès de M. Biot. La séance a été levée et il n'y a pas eu de Compte rendu; aucun discours n'a été inséré.

Depuis l'année 1874, sans que l'Académie ait été appelée à prendre de décision à cet égard, les discours prononcés aux funérailles des Membres de l'Académie des Sciences sont insérés aux *Comptes rendus*.

Le numéro de la séance du 8 février 1886 renferme les discours prononcés à l'inauguration de la statue de Claude Bernard.

Missions scientifiques.

TITRE V.

ENCOURAGEMENTS, RÉCOMPENSES ET HONNEURS PUBLICS.

ART. I. — L'Institut national nommera tous les ans, au concours, vingt citoyens qui seront chargés de voyager et de faire des observations relatives à l'agriculture, tant dans les départements de la République que dans les pays étrangers.

ART. II. — Ne pourront être admis au concours mentionné dans l'article précédent que ceux qui réuniront les conditions suivantes :

1° Être âgé de vingt-cinq ans au moins ;

2° Être propriétaire ou fils de propriétaire d'un domaine rural formant un corps d'exploitation, ou fermier ou fils de fermier d'un corps de ferme d'une ou de plusieurs charrues, par bail de trente ans au moins ;

3° Savoir la théorie et la pratique des principales opérations de l'agriculture ;

4° Avoir des connaissances en arithmétique, en géométrie élémentaire, en économie politique, en histoire naturelle en général, mais particulièrement en botanique et en minéralogie.

ART. III. — Les citoyens nommés par l'Institut national voyageront pendant trois ans aux frais de la

République, et moyennant un traitement que le Corps législatif déterminera.

Ils tiendront un journal de leurs observations, correspondront avec l'Institut, et lui enverront, tous les trois mois, les résultats de leurs travaux, qui seront rendus publics.

Les sujets nommés seront successivement pris dans chacun des départements de la République.

Loi du 3 brumaire an IV (25 octobre 1795).

L'Institut national nommera, tous les ans, six de ses membres pour voyager, soit ensemble, soit séparément, pour faire des recherches sur les diverses branches des connaissances humaines autres que l'agriculture.

Art. IV de la Loi du 3 brumaire an IV (25 octobre 1795).

Les six membres de l'Institut qui, par la loi du 3 brumaire sur l'organisation de l'instruction publique, doivent faire chaque année des voyages utiles aux progrès des arts et des sciences, seront choisis par tiers dans chacune des classes.

Art. XXVII de la loi du 15 germinal an IV (4 avril 1796).

ART. XXII. — Les citoyens qui, par la loi du 3 brumaire sur l'organisation de l'instruction publique, doivent être choisis par l'Institut pour voyager et faire des recherches sur l'agriculture, seront élus au scrutin, d'après une liste au moins triple du nombre des places à remplir. Cette liste sera présentée à l'Institut par une commission formée d'un membre de chaque section des deux premières classes, élu par cette section.

ART. XXIII. — Les candidats aux noms desquels répondront, dans le dépouillement du scrutin, les plus grandes sommes prises en nombre égal à celui des places à remplir seront élus; et, dans le cas d'égalité de suffrages, les plus âgés auront la préférence.

Loi du 15 germinal an IV (4 avril 1796).

On lit une lettre par laquelle le cit. Broussonet demande à partir en qualité de l'un des membres de l'Institut chargés de voyager pour le progrès des Sciences et conformément à la loi du 3 brumaire sur l'organisation de l'instruction publique. Il indique le Maroc comme le pays où il préférerait être envoyé et il fait parvenir un Mémoire pour montrer les avantages qui pourraient résulter d'un voyage dans cette partie de l'Afrique.

Les cit. Desfontaines, Lhéritier, Lelièvre et Lacépède sont chargés d'examiner le Mémoire et la demande du cit. Broussonet.

Le cit. Lhéritier fait un Rapport le 26 brumaire an V.

Séance du 16 brumaire an V (6 novembre 1796).

Le cit. Rochon lit un compte rendu des différents travaux qu'il a fait exécuter, par ordre du Gouvernement, à Brest et dans les environs; il déclare ensuite qu'ayant appris que des voyages plus ou moins longs, entrepris par ordre du Gouvernement, étaient compatibles avec la résidence exigée par la loi des membres de l'Institut, il fixera son séjour à Paris dès le moment que la mission qu'il a reçue du Gouvernement et qui l'en a tenu éloigné jusqu'à présent sera terminée, et il demande en conséquence que la place qui lui a été donnée par l'Institut national ne soit pas regardée comme vacante.

La Classe, après avoir délibéré sur la demande du cit. Rochon et avoir émis son vœu par le moyen du scrutin, déclare que la place de membre résident de la section de Physique, à laquelle le cit. Rochon a été nommé par l'Institut national, n'est pas vacante, et qu'il peut en remplir les fonctions.

Séance du 1er thermidor an V (19 juillet 1797).

L'Académie procède, par voie de scrutin, à la nomination d'une Commission qui sera chargée d'examiner dans quelle région du globe il conviendrait d'envoyer des voyageurs, pour concourir à remplir les lacunes existant dans les diverses branches des connaissances humaines qui sont du ressort de l'Académie des Sciences.

MM. de Blainville,
de Mirbel,
Arago,
Élie de Beaumont,
de Freycinet,
I. Geoffroy Saint-Hilaire,
Gay-Lussac,

réunissent la majorité des suffrages.

Séance du 19 novembre 1838.

ARRÊTÉ DE M. LE MINISTRE DE L'INSTRUCTION PUBLIQUE
RELATIF AUX MISSIONS SCIENTIFIQUES.

Le Ministre Secrétaire d'État au département de
l'Instruction publique et des Cultes,

Considérant qu'il importe de donner aux missions
scientifiques la direction la plus éclairée, et de leur
assurer les résultats les plus fructueux possibles ;

Considérant qu'une expérience déjà acquise a pu
démontrer tout ce qu'il y a de profitable pour l'érudi-
tion et la Science à appeler sur les projets de missions
l'examen de l'Institut ;

Considérant, d'autre part, que de toute mission
exécutée sous les auspices et aux frais de l'État doivent
résulter un avantage public et une utilité nationale,

ARRÈTE :

ART. I. — Chaque demande de mission scientifique
présentée au Ministère de l'Instruction publique et
des Cultes sera transmise à l'Institut, et l'Académie
spécialement compétente sera invitée à faire un Rapport sur l'objet et l'opportunité du voyage. En cas
d'avis favorable, l'Institut sera prié de rédiger des
instructions sur les *desiderata* de la Science et sur
les moyens les plus propres à atteindre le but in-
diqué.

ART. II. — Les résultats de toute mission scientifique qui aura pour objet de recueillir des monuments
écrits ou figurés appartiendront à l'État, qui se réserve d'en disposer, soit par voie de publication, soit
en faveur des établissements nationaux.

Art. III. — Toutefois il pourra être dérogé au précédent article en vertu des conditions spéciales fixées par le Ministre et mentionnées formellement dans l'arrêté par lequel la mission sera conférée.

Paris, le 30 janvier 1850.

Signé : E. DE PARIEU.

Paquets cachetés.

Le cit. Campmas demande qu'on lui remette un manuscrit cacheté, coté n° 224, qu'il a déposé en 1783 et avec les formalités d'usage dans le Secrétariat de la ci-devant Académie des Sciences. Les cit. Haüy et Cousin, que la classe nomme commissaires pour cet objet, reconnaissent le paquet, le décachettent, paraphent le manuscrit et le remettent au cit. Campmas sur son récépissé.

Séance du 6 thermidor an V (24 juillet 1797).

Conformément à ses usages, l'Académie refuse de recevoir un paquet cacheté relatif à des travaux dont l'auteur ne s'est pas fait connaître.

Séance du 15 avril 1833.

M. le Secrétaire perpétuel, après avoir présenté divers paquets cachetés dont le dépôt est accepté, annonce qu'en vertu d'une décision récente de l'Académie, les pièces de cette nature, tout en continuant à être inscrites sur le procès-verbal de la séance, ne figureront plus dans les *Comptes rendus*.

Comptes rendus, page 335, tome XXXV.
(Séance du 6 septembre 1852.)

Sur la demande de M. Gannal fils, il est décidé que l'ouverture d'un paquet déposé par son père peut être autorisée par l'Académie.

Procès-verbaux de la Commission administrative.
(Séance du 24 janvier 1853.)

M. Flourens donne communication d'une lettre qui lui est adressée par M. Nadault de Buffon, héritier du grand naturaliste, et qui s'occupe de la publication de ses lettres. Espérant trouver dans les Archives de l'Académie quelques pièces qui pourraient entrer dans la collection, M. Nadault a sollicité la permission de faire les recherches nécessaires. Le résultat a été la découverte d'un paquet cacheté portant la suscription suivante :

N" 18. Le 18 may 1748, M. de Buffon m'a remis le présent paquet cacheté pour être déposé au Secrétariat.
Signé : DEFOUCHY.

M. Nadault prie l'Académie de vouloir bien, si rien dans ses règlements ne s'y oppose, ordonner l'ouverture de ce paquet. Le cas se trouve prévu : le dépôt remontant à plus d'un siècle, le pli peut être ouvert. L'Académie, consultée sur cette question, la résout par l'affirmative. En conséquence, le paquet est ouvert par le Bureau, et M. le Secrétaire perpétuel lit la Note suivante qui y était contenue : . . . .
. . . .

L'Académie décide que cette Note sera insérée dans le Compte rendu de cette séance.

Sur la proposition d'un membre, l'Académie invite la Commission administrative à se faire représenter tous les plis cachetés déposés depuis un siècle.

La Commission est autorisée à faire ouvrir, sous ses yeux, ces plis cachetés, et invitée à dresser du tout un procès-verbal détaillé qui sera présenté à l'Académie.

Comité secret du 18 juin 1860.

L'Évêque de la Rochelle et Saintes est autorisé à retirer du Secrétariat le pli cacheté déposé par M. l'abbé Richard, le 2 juillet 1866 et inscrit sous le n° 2340.

La demande de M. l'Évêque de la Rochelle, appuyée d'actes notariés constatant sa qualité d'héritier des notes et papiers de l'abbé Richard, sera conservée avec son reçu dans les Archives de la Commission.

Procès-verbaux de la Commission administrative.
(Séance du 10 avril 1882.)

Par deux lettres en date des 28 septembre et 1er octobre 1885, M. le Dr Damoiseau (d'Alençon) a réclamé à l'Académie un pli cacheté déposé par son fils le 8 décembre 1884.

Il a été répondu à cette réclamation par la lettre suivante :

Paris, le 12 octobre 1885.

« L'Académie a reçu les deux lettres que vous lui avez adressées les 28 septembre et 1er octobre derniers, relativement à un pli cacheté dont le dépôt lui a été confié par M. Albert Damoiseau, aujourd'hui décédé.

» En réponse à ces deux lettres, j'ai l'honneur de vous informer que l'Académie a le plus vif désir de satisfaire au vœu que vous lui exprimez au nom de votre famille, mais je vous prie de remarquer qu'elle est restée comptable vis-à-vis de monsieur votre fils du dépôt qu'elle a reçu de ses mains. Elle a, en conséquence, le devoir de lui assurer la priorité de la découverte dont il est possible que la Science lui soit redevable.

» Vous permettrez donc, Monsieur, que la Commission nommée par l'Académie, après vérification de vos pouvoirs notariés, procède, si vous le désirez, en votre présence et secrètement à l'ouverture du pli cacheté dont il s'agit. Après en avoir conservé copie pour les Archives de l'Académie, elle vous remettra l'original dont vous ferez l'usage que vous jugerez utile.

» Cette combinaison paraît sauvegarder les droits scientifiques de M. Albert Damoiseau et donne pleine satisfaction aux légitimes réclamations de sa famille que vous représentez.

» Veuillez, etc.

» Signé : J. BERTRAND. »

Correspondance avec les Savants étrangers.

Conformément à un arrêté de l'Assemblée générale du 15 floréal, la Classe nomme les citoyens Fourcroy et Lelièvre pour rendre compte à l'Institut, conjointement avec les commissaires de la Classe des Sciences morales et politiques et de la Classe de Littérature et Beaux-Arts, d'un plan de correspondance adressé à l'Institut national par le Ministre des relations extérieures.

Séance du 16 floréal an IV (5 mai 1796).

Le citoyen Grégoire, au nom de la Commission dont il est membre, fait un Rapport sur l'organisation de la correspondance scientifique avec les nations étrangères, et sur les moyens d'obtenir des diverses contrées du globe la notice des découvertes qui peuvent servir à perfectionner les connaissances humaines; il propose, pour mesure préliminaire, d'inviter chaque Classe et chaque section des Classes à rédiger à cet effet une suite de questions; la Commission se chargerait de réunir ces séries et d'en former un ensemble, et le Directoire serait prié de transmettre l'ouvrage aux agents de la Diplomatie qu'elle entretient dans les deux mondes.

Cette motion a été adoptée.

Séance générale du 5 prairial an IV (24 mai 1795).

Le citoyen Achard, bibliothécaire du musée de Marseille, propose d'ouvrir et de tenir une correspondance entre l'Institut et ce musée ; il demande les moyens de faire parvenir ses lettres franches de port et de recevoir de même les réponses.

Il sera répondu au citoyen Achard, par une lettre de remercîments, que l'Institut ne peut ni procurer la franchise des ports de lettres, ni entretenir collectivement une correspondance avec les différents établissements littéraires, mais que les savants ou littérateurs qui le composent correspondront volontiers avec le citoyen Achard, comme avec tous les hommes éclairés, sur les nouvelles découvertes et les objets utiles qui sont la matière de leurs méditations et de leurs travaux.

Séance générale du 5 messidor an VI (23 juin 1798).

Admission des étrangers aux séances.

M. Pouillet donne lecture du Rapport suivant :

Dans une de nos séances du mois de novembre dernier, notre confrère, M. N., a fait une proposition conçue en ces termes :

« Les personnes qui auront présenté au moins un Mémoire jugé digne d'être imprimé parmi ceux des *Savants étrangers,* ou deux Mémoires jugés dignes d'approbation, seront admises, sur leur demande, à assister aux séances ordinaires de l'Académie ;

» A cet effet, leurs noms seront affichés à la porte de la séance, et des places leur seront réservées jusqu'à 3 heures moins un quart ;

» Si, à cette heure, il reste des places qui ne soient pas encore occupées, elles pourront être données aux étrangers qui les demanderaient, mais seulement jusqu'à l'ouverture de la séance. »

Vous avez renvoyé cette proposition à l'examen d'une Commission.

Notre premier soin a été de rechercher quels étaient les précédents relatifs à la question soulevée par la proposition de M. N. ; les documents qui sont venus à notre connaissance remontent à des époques qui sont déjà loin de nous : le premier date de l'an IX, et le dernier de 1809.

Voici le texte des résolutions qui ont été adoptées dans cette période :

6 *nivôse an IX*.

L'auteur de la motion expose les inconvénients qui peuvent résulter de la facilité avec laquelle on laisse entrer un nombre considérable d'étrangers aux séances particulières; il invite la Classe à s'occuper d'un règlement pour réformer cet abus.

La motion est mise en délibération et, après une mûre discussion, la Classe arrête ce qui suit :

1° Les membres de la Classe ne pourront faire entrer aux séances particulières qu'une seule personne chacun, et ils l'introduiront eux-mêmes, pour éviter toute erreur et toute surprise;

2° Il y aura une feuille destinée à recevoir les noms des personnes présentées, et chacun de ces noms sera suivi de la signature du membre qui se sera déclaré répondant;

3° Cette feuille sera portée au Président et lue immédiatement après le procès-verbal; après quoi, nul ne pourra de plus être introduit sans un arrêté spécial de la Classe;

4° Le nombre des étrangers qui pourront être présentés dans une même séance ne sera pas fixé et il pourra égaler celui des membres présents.

5° Les personnes qui auront des Mémoires à lire ou quelque objet à présenter seront introduites par un membre comme tous les étrangers, et ceux qui, ne connaissant aucun membre, ne pourront avoir de répondant, attendront au Secrétariat que le Président les fasse appeler, et, la lecture finie, ils se retireront, à moins que le Président ne les invite aux honneurs de la séance;

6° La Classe maintient l'arrêté qu'elle a pris relativement aux membres de l'Institut d'Égypte, aux députés de la Société Philomathique et à ceux de la Société de Médecine ;

7° On prendra les mesures convenables pour que personne ne séjourne dans les escaliers et dans les corridors.

Cet arrêté sera communiqué aux autres Classes.

1er floréal an IX.

La Classe, sur la motion d'un membre, arrête que les divers fonctionnaires publics qui entrent de droit dans les séances publiques de l'Institut seront aussi admis aux séances particulières sur la présentation de leurs médailles.

5 mai 1806.

La Classe se forme en comité secret pour entendre le rapport sur l'admission des étrangers.

Elle arrête qu'il n'est rien changé aux règlements existants.

17 juillet 1809.

La Classe des Sciences physiques et mathématiques, voulant donner une activité toujours croissante à ses travaux, et faire de l'admission à ses séances une distinction réservée à ceux qui cultivent les sciences avec zèle et succès, arrête ce qui suit :

Art. 1. — Il ne sera plus admis aux séances particulières de la Classe que les individus compris sous les désignations suivantes, savoir :

Les correspondants ;

Les membres de l'Institut d'Égypte ;

Les députés des Sociétés Philomathique et de Médecine, deux de chacune ;

Ceux qui auront présenté deux Mémoires jugés dignes d'être imprimés dans les *Savants étrangers,* ou qui auront remporté un prix;

Ceux qui ont obtenu ou qui obtiendront des arrêtés particuliers de la Classe en leur faveur;

Les personnes que le Président admettra.

ART. 2. — La Classe emploiera deux personnes possédant les langues étrangères et spécialement chargées, sous la direction des Secrétaires, d'extraire les journaux et recueils périodiques et de faire venir régulièrement de l'étranger les principaux ouvrages qui paraîtront sur les sciences; elles auront le titre d'interprètes et seront nommées par la Classe, sur la présentation du Bureau. Il y en aura une principalement au fait des Sciences mathématiques, une autre livrée aux Sciences physiques. Le comité de la Classe présentera un Rapport sur leur traitement.

ART. 3. — Les Mémoires de la Classe seront choisis dans tout ce que les Membres auront fait de plus important, sans en exclure ce qu'ils auront imprimé ailleurs, et la Classe aura le droit de réimprimer dans tous les cas ce qui aura été lu dans les séances.

On voit que nos prédécesseurs ont voulu, en l'an IX, donner un encouragement aux jeunes savants connus particulièrement des membres de l'Académie, et, en 1809, régulariser en quelque sorte cette préférence en exigeant des titres connus de l'Académie elle-même et approuvés par elle;

Ces arrêtés, si sagement conçus, et fondés sur les mêmes principes, quoique différents dans la forme, ont, sans aucun doute, contribué à placer l'Académie au rang qu'elle occupe aujourd'hui dans le monde savant.

Le dernier, celui de 1809, n'a été ni aboli ni modifié par aucune résolution postérieure de l'Académie ; en droit, il est encore notre règle, et l'on ne peut considérer que comme une tolérance l'usage déjà ancien qui s'est établi de ne pas l'appliquer dans toute sa rigueur.

Plusieurs membres de votre Commission pensent que cet usage n'a pas été, à tous égards, profitable à la science. Le public n'ayant aujourd'hui aucune condition à remplir pour être admis aux séances, il en résulte que les jeunes savants attachent peut-être moins d'importance à obtenir de l'Académie des Rapports sur leurs travaux ; et cette haute distinction que nous accordons, en jugeant des Mémoires dignes d'être imprimés parmi ceux des savants étrangers, a peut-être aussi perdu quelque chose du prix qu'elle avait autrefois.

La Commission le regrette, elle croit que c'est surtout par ses Rapports que l'Académie peut exercer une grande influence sur la direction des esprits dans les recherches scientifiques.

En conséquence, elle vous propose d'admettre le premier paragraphe de la proposition de M. N., en ces termes :

« Les personnes qui auront présenté au moins un Mémoire jugé digne d'être imprimé parmi ceux des *Savants étrangers,* ou deux Mémoires jugés dignes d'approbation, seront admises, sur leur demande, à assister aux séances ordinaires de l'Académie ; des places leur seront réservées. »

Les conclusions de ce Rapport sont adoptées.

Comité secret du 2 avril 1849.

Au nom de la Commission administrative, M. le Secrétaire perpétuel fait le Rapport suivant :

L'Académie a renvoyé à l'examen de la Commission administrative la question de savoir s'il ne serait pas opportun d'apporter quelques modifications à un *usage*, depuis longtemps établi dans le sein de l'Académie, touchant les rapports de ses membres avec les personnes étrangères, admises à faire des lectures dans nos séances.

La Commission pense que cet *usage*, en tant qu'il se borne à interdire toute discussion immédiate et directe entre un membre et un lecteur étranger, doit être soigneusement conservé. Chacun sent en effet de combien d'inconvénients de telles discussions pourraient être suivies.

Mais la Commission distingue essentiellement de ces discussions les observations faites par un membre, dans une séance suivante, sur une pièce imprimée dans les *Comptes rendus,* et, par ce seul fait, tombée dans le domaine public.

La Commission propose donc à l'Académie de maintenir l'*usage* dont il s'agit, en ce qui touche l'interdiction des discussions directes et immédiates, et de ne point étendre cette interdiction aux observations qui pourraient êtres faites par un ou plusieurs membres, à l'occasion de pièces imprimées dans les *Comptes rendus.*

La proposition faite par la Commission est mise aux voix et adoptée.

Comité secret du 14 décembre 1857.

Mouvement perpétuel. — Quadrature du cercle. Trisection de l'angle.

L'ancienne Académie des Sciences a pris, dès 1775, la résolution de ne plus examiner aucune solution des problèmes de la duplication du cube, de la trisection de l'angle et de la quadrature du cercle.

Cette décision est consignée dans l'*Histoire de l'Académie*, année 1775, page 61.

L'Assemblée charge son Bureau de rédiger et faire insérer dans les papiers publics une Note par laquelle il déclarera, non seulement qu'aucun prix n'a été proposé pour la solution des problèmes de la quadrature du cercle, de la trisection de l'angle et du mouvement perpétuel, mais même que la Classe a arrêté qu'elle ne s'occuperait d'aucune prétendue solution de ces problèmes.

Séance du 21 germinal an V (10 avril 1797).

» M. Dumas fait connaître à l'Académie qu'un journal a renouvelé récemment une ancienne assertion relative à une somme considérable ayant pour objet de récompenser l'auteur de la découverte de la quadrature du cercle, qui serait restée jusqu'ici sans emploi aux mains de l'Académie.

» Une annonce de cette nature étant faite pour provoquer nombre de personnes à poursuivre une recherche vaine, l'Académie doit rappeler que, dans sa nouvelle constitution, ainsi que sous son ancienne forme, elle n'a jamais trouvé le moindre intérêt aux communications de ce genre qui lui ont été trop souvent adressées.

» En 1775, l'ancienne Académie prit la résolution de ne plus examiner aucune solution des problèmes de la duplication du cube, de la trisection de l'angle, de la quadrature du cercle et du mouvement perpétuel réalisé par une machine.

» Les motifs par lesquels elle justifiait sa résolution en ce qui concerne la quadrature du cercle se résument en quelques mots, qui peuvent trouver leur application aujourd'hui; car elle disait : 1° il existe un bruit populaire que les Gouvernements ont promis des récompenses considérables à celui qui parviendrait à résoudre le problème de la quadrature; 2° sur la foi de cette annonce fausse, nombre de personnes, dépourvues de connaissances mathématiques, se livrent cependant à cette étude, délaissant leurs affaires et les soins de leur famille; 3° leur opiniâtreté dégénère souvent en folie; 4° cette folie est d'autant moins susceptible de guérison que les quadrateurs, incapables de comprendre la question, et à plus forte raison de la résoudre, se persuadent généralement, par un mélange d'humilité et d'orgueil, que s'il leur a été donné d'y parvenir, c'est par une faveur particulière de la Providence et qu'ils doivent ce succès à une sorte d'inspiration refusée aux grands génies.

» A peine reconstituée, dans sa séance du 21 germinal an V (10 avril 1797), l'Académie s'empressait de renouveler ses anciennes déclarations dans les termes suivants :

» On lit une lettre latine du P. Placide Künslé, prieur du monastère des Bénédictins de Schwarzach, près du Rhin, dans le margraviat de Bade, qui annonce qu'il a résolu le problème de la quadrature du cercle, et réclame le prix qu'il croit promis à ce sujet.

L'un des Secrétaires lui fera part de l'arrêté pris dans le temps par la Classe relativement à ce problème, et de plus l'Assemblée charge son Bureau de rédiger et faire insérer dans les papiers publics une Note par laquelle il déclarera, non seulement qu'aucun prix n'a été proposé pour la solution des problèmes de la quadrature du cercle, de la trisection de l'angle et du mouvement perpétuel, mais même que la Classe a arrêté qu'elle ne s'occuperait d'aucune prétendue solution de ces problèmes. »

» M. le Secrétaire perpétuel demande à l'Académie l'autorisation de reproduire en son nom ces deux anciennes déclarations; elles expliqueront suffisamment pourquoi les communications relatives à la quadrature du cercle qu'elle reçoit si souvent ne sont jamais mentionnées dans les *Comptes rendus.* »

M. J. BERTRAND ajoute à cette occasion les remarques suivantes :

» La croyance à un prix considérable promis par l'Académie à l'inventeur de la quadrature du cercle est fort ancienne. Elle a été, il faut le dire, propagée par des ouvrages très sérieux. On lit, par exemple, dans la *Biographie générale* de Firmin-Didot, recueil excellent à plus d'un titre, que M. Rouillé de Meslay avait légué à l'Académie 125000 francs dont les intérêts devaient servir à fonder des prix pour les savants qui s'occuperaient de la quadrature du cercle et d'autres questions mathématiques.

» C'était une croyance très répandue au XVIIIe siècle. Un inventeur fit un jour assigner d'Alembert devant le Parlement comme le frustrant, par son refus d'examiner sa solution, de la récompense qu'il croyait obstinément promise et qu'il élevait à 150000 francs.

» Le testament de Rouillé de Meslay ne faisait cependant aucune allusion au problème de la quadrature du cercle, et aucune récompense n'a été promise depuis par l'Académie à celui qui le résoudrait.

Compte rendu de la séance du 19 octobre 1868, t. LXVII, p. 792.

TABLE ANALYTIQUE

DES MATIÈRES.

14

Les séances s'ouvriront par la lecture des Rapports et des

FIN DE LA TABLE ANALYTIQUE DES MATIÈRES.

11760   Paris. — Imprimerie de GAUTHIER-VILLARS, quai des Augustins, 55.

www.ingramcontent.com/pod-product-compliance
Lightning Source LLC
Chambersburg PA
CBHW061017280326
41935CB00009B/995